Omas beste Heilkräuter

Herbert Schwinghammer

Omas beste Heilkräuter

Weltbild

Inhalt

Omas Kräuter – bis heute aktuell

Zu Großmutters Zeiten war es üblich, Kräuter zur Linderung und Heilung von Krankheiten zu verwenden. Durch die Etablierung der Schulmedizin geriet das umfangreiche Wissen über Heilpflanzen und ihre Einsatzmöglichkeiten jedoch nach und nach in Vergessenheit. Dies hat sich in den letzten Jahren geändert: Immer mehr Menschen interessieren sich wieder für die Kräfte aus dem Pflanzenreich und sehen in ihnen eine ebenso wirkungsvolle wie sanfte therapeutische Alternative. Ziel dieses Buches ist es, einen Überblick über den von der Großmutter überlieferten Erfahrungsschatz zu geben und diesen durch die wissenschaftlich belegten Erkenntnisse der modernen Kräuterheilkunde (auch Phytotherapie genannt) zu ergänzen.

Auch im Umgang mit Heilkräutern ist Vorsicht geboten

Auch frühere Generationen wussten um die Bedeutung der richtigen Dosierung von Heilkräutern. Einige können, vor allem in größeren Mengen genossen, unerwünschte Begleiterscheinungen mit sich bringen. Die wenigsten Heilkräuter eignen sich für eine dauerhafte oder sogar tägliche Anwendung. Hinzu kommt, dass die Neigung zu Allergien hierzulande in den letzten Jahren stark zugenommen hat. Wer etwa auf Korbblütler allergisch reagiert, muss z. B. auf die gesundheitsfördernden Eigenschaften der Kamille verzichten – auch wenn diese Heilpflanze im Allgemeinen als besonders gut verträglich gilt.

Im Umgang mit Heilkräutern ist also ebenso Vorsicht geboten wie beim Gebrauch chemisch hergestellter Medikamente. Vor allem ist zu beachten, dass der Einsatz von Heilpflanzen keinesfalls einen Arztbesuch ersetzen kann. Auch für Naturheilmittel gilt, dass sie erst dann optimal wirksam sein können, wenn die genaue Ursache für die Beschwerden feststeht, und hierfür ist häufig eine ärztliche Diagnose unerlässlich.

Sammeln oder kaufen Während unsere Vorfahren ihre Heilkräuter noch in der freien Natur sammelten, hat die Qualität einiger wild wachsender Heilkräuter in Zeiten von Umweltverschmutzung und saurem Regen bedauerlicherweise nachgelassen. Schon allein deshalb sollten Sie Heilkräuter besser in der Apotheke kaufen: Hier erhalten Sie Drogen von Pflanzen, die speziell für pharmazeutische Zwecke in großen Kulturen angebaut werden und einer strengen Qualitätskontrolle unterliegen. Hinzu kommt, dass in unseren Breiten viele Heilpflanzen geschützt sind. Vor allem für Unkundige besteht darüber hinaus die Gefahr, dass sie die gesuchten Pflanzen mit giftigen verwechseln. Wer dennoch Kräuter selbst sammeln möchte, sollte sich also vorher genauestens schulen.

Zu diesem Buch Vor allem bei Alltagskrankheiten tragen Heilkräuter dazu bei, die Beschwerden zu lindern und den Heilungsprozess zu beschleunigen. Im vorliegenden Buch sind die wichtigsten heimischen Heilkräuter von A bis Z mit ihren vielfältigen Anwendungsmöglichkeiten aufgeführt. Hierbei sind auch jene Pflanzen berücksichtigt, die unter Naturschutz stehen und daher nicht gesammelt werden dürfen. Dagegen wurde auf einige bekannte Kräuter verzichtet, von deren Anwendung für die Selbstmedikation abgeraten wird, da sie giftig wirken oder Allergien hervorrufen könnten. Eine Übersicht über die wichtigsten Inhaltsstoffe finden Sie am Ende dieses Buches.
Viele der aufgenommenen Heilkräuter sind hinsichtlich ihrer medizinischen Wirksamkeit inzwischen wissenschaftlich anerkannt, andere haben trotz Skepsis bezüglich ihrer heilkräftigen Effekte seitens der Schulmedizin nach wie vor ihren festen Platz in der Hausapotheke. Viele der aufgeführten Heilpflanzen stehen als hoch dosierte Extrakte in standardisierten Fertigarzneien zur Verfügung, die teilweise auch besser verträglich sind als selbst zubereitete Tees. Achten Sie immer auf die angegebene Dosierung.

Ackerschachtelhalm *(Equisetum arvense)*

Zinnkraut, Katzenwedel, Schaftheu, Pfannebutzer, Scheuerkraut

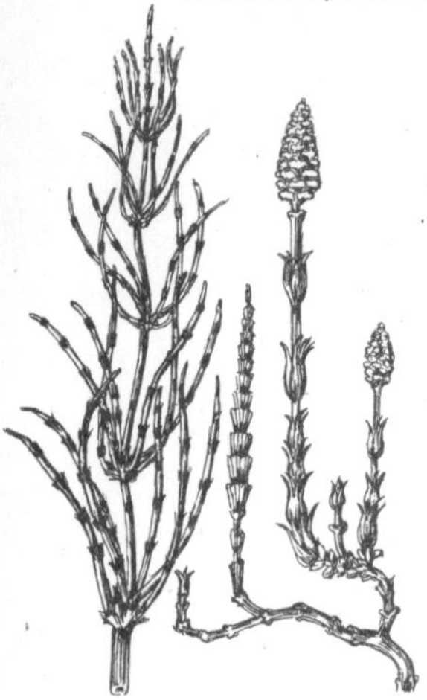

Der Ackerschachtelhalm gehört zu den entwicklungsgeschichtlich ältesten Pflanzen überhaupt: Vor ca. 400 Millionen Jahren war der Schachtelhalm noch baumgroß und bevölkerte zusammen mit Farnen und Moosen riesige Wälder. Schon im Altertum wurde der Ackerschachtelhalm als natürlicher Kieselsäurenlieferant geschätzt. Später geriet er als Heilpflanze jedoch in Vergessenheit. Stattdessen kam er vorwiegend als Putzmittel von Zinngeschirr zum Einsatz – daher auch der Name Zinn- bzw. Scheuerkraut. Erst Sebastian Kneipp entdeckte den Ackerschachtelhalm als Heilpflanze neu und setzte ihn vor allem gegen rheumatische Beschwerden und Gicht oder als Auflage von schlecht heilenden Wunden ein.

Botanische Beschreibung Der Ackerschachtelhalm ist in ganz Europa, Asien und Nordamerika weit verbreitet. Meist besiedelt er Ackerland, wächst aber auch an feucht-lehmigen Wiesenrändern, Dämmen, Gräben und Böschungen. Die Pflanze gehört zu den Schachtelhalmgewächsen und wird 10 bis 50 Zentimeter hoch. Ihre zähen Wurzeln reichen tief in die Erde hinein und wachsen weit verzweigend unter der Oberfläche. Der Ackerschachtelhalm hat keine Blüten, sondern vermehrt sich durch Sporenbildung. Zu Beginn des Frühjahrs bilden sich fruchtbare hellbraune bis rötliche Sporentriebe, (die einem Pferdeschweif ähneln – daher wohl der lateinische Name der Pflanze), aus denen sich einige Wochen später grüne Triebe entwickeln. Die Gestalt dieser unfruchtbaren Sommertriebe erinnert an kleine Nadelbäume: Aus ihrem Stängel stehen quirlförmig grüne »Zweiglein« ab.

Sammelzeit Zu Heilzwecken wird das Kraut des Ackerschachtelhalms verwendet. Gesammelt werden von Mai bis August die sattgrünen jungen Sommertriebe (die oberen zwei Drittel der Pflanze).

Inhaltsstoffe Kieselsäure (bis zu 10 Prozent), Flavonoide, Kalium, Karbonsäuren

Heilwirkungen Der Ackerschachtelhalm wirkt wegen seines hohen Kieselsäuregehalts vor allem bindegewebsstärkend, stoffwechsel- und durchblutungsfördernd sowie blutstillend. Außerdem hat er einen mild harntreibenden, abschwellenden und immunstimulierenden Effekt und kräftigt die Verdauungsorgane. Er ist heute Bestandteil verschiedener standardisierter Fertigpräparate, so z. B. von Rheuma-, Husten-, Blasen-, Nieren- und Blutreinigungstees.

ANWENDUNG ALS TEE

Ackerschachtelhalm als Tee wird vor allem zur Durchspülung bei bakteriellen und entzündlichen Erkrankungen der Nieren und ableitenden Harnwege sowie bei Nierengrieß herangezogen. Außerdem ist Ackerschachtelhalmtee zur Behandlung von rheumatischen Beschwerden und chronischem Husten geeignet sowie – wegen seiner leicht harntreibenden Wirkung – zur Ausschwemmung von Ödemen. Interessanterweise empfehlen auch Gärtner einen Aufguss aus Ackerschachtelhalm, um Schmarotzer und Ungeziefer zu vertreiben.

- ☆ Teezubereitung: Bedecken Sie 2 Teelöffel Ackerschachtelhalmkraut mit ¼ Liter Wasser, und lassen Sie den Sud 12 Stunden lang ziehen. Anschließend wird der Sud kurz aufgekocht und erst dann abgeseiht. Trinken Sie täglich 3-mal je 1 Tasse Ackerschachtelhalmtee.
- ☆ Zur Stärkung des Bindegewebes, der Haut, Haare und Nägel empfiehlt es sich, eine Schachtelhalmtee-Kur über vier bis sechs Wochen durchzuführen.

☆ Abgekühlter Ackerschachtelhalmtee eignet sich auch für Mundspülungen oder als Gurgelmittel z. B. bei Hals- und Rachenbeschwerden.

☆ Ein Umschlag, der in abgekühltem Ackerschachtelhalmtee getränkt wurde, lindert gerötete und geschwollene Augen und kann auch hilfreich zur Behandlung eines Gerstenkorns sein. Weitere Einsatzgebiete sind schlecht heilende Wunden, Beingeschwüre (offene Beine), Ekzeme, Frostbeulen und Akne.

ANWENDUNG IM VOLLBAD

Dank des hohen Kieselsäuregehalts der Heilpflanze lindern Bäder mit Ackerschachtelhalm rheumatische und Gichtbeschwerden. Generell wirken diese Vollbäder anregend auf die Durchblutung bzw. den Stoffwechsel.

☆ Für ein Vollbad bereiten Sie am besten vorher einen Extrakt zu. Hierfür werden ca. 150 Gramm Kraut mit ½ Liter kochend heißem Wasser aufgegossen. Nachdem der Sud 1 Stunde lang gezogen hat, geben Sie ihn dem warmen Badewasser bei.

☆ Ein Sitzbad mit dem Ackerschachtelhalmsud hat eine anregende und kräftigende Wirkung und unterstützt den Heilungsprozess bei Harnwegserkrankungen.

DAS SOLLTEN SIE BEACHTEN

Den Ackerschachtelhalm besser nicht selbst sammeln! An feuchten Standorten kann er leicht mit dem Sumpfschachtelhalm *(Equisetum palustre)* verwechselt werden, der wegen seines hohen Alkaloidgehaltes giftig ist.

→ Bei Wasseransammlungen, die durch eine eingeschränkte Herz- oder Nierentätigkeit verursacht werden, sollte keine innerliche Anwendung (z. B. als Tee) von Ackerschachtelhalm erfolgen.

→ Bei chronischen Nierenerkrankungen sollten Sie vor einer Behandlung mit Ackerschachtelhalmtee Ihren Arzt um Rat fragen.

Alant *(Inula helenium)*

Helenenkraut, Odinskraut, Edelwurz, Glockenwurzel

Alant ist eine Heilpflanze mit uralter Tradition. Schon die Ärzte im antiken Griechenland priesen seine Wurzel als wirksames Mittel gegen Lungen- und Herzkrankheiten und sogar gegen Schlangenbisse. Im Mittelalter galt vor allem Alantwein als Universalmittel gegen die unterschiedlichsten Krankheiten, so etwa gegen Wurmbefall, Gelenkschmerzen, Blasen- und Nierenerkrankungen. Als Hausmittel wird der Alant bis heute im Magen-Darm-Bereich und bei Atemwegsbeschwerden genutzt.

Botanische Beschreibung Ursprünglich ist die Pflanze wahrscheinlich in Zentralasien und Südosteuropa beheimatet; in Deutschland kommt der Alant seltener wild, dann vor allem an Hecken und Zäunen, aber auch im Ufergebüsch vor. Der Alant gehört zu den Korbblütlergewächsen. Seinem derben, knollig verdickten Wurzelstock entspringen bis zu 50 Zentimeter lang werdende Wurzeln. Die ausdauernde Pflanze kann bis zu 180 Zentimeter groß werden, wobei ihr aufrechter, sehr kräftiger Stängel nur im oberen Abschnitt verzweigt ist. Die zahlreichen gelben Blütenköpfchen stehen meist traubenförmig.

Inhaltsstoffe Bitterstoffe, Sesquiterpenlaktone (Helenin oder Alantkampfer), Kohlenwasserstoffe, Inulin und ätherische Öle

Heilwirkungen Zu Heilzwecken verwendet man den ästigen Wurzelstock samt Wurzeln, die im Herbst geerntet, geschnitten und getrocknet werden. Die Inhaltsstoffe von Alant haben vor allem eine antiseptische Wirkung, was z. B. zur Behandlung von Bronchialkatarrh, aber auch Keuchhusten und Reizhusten genutzt wird. Alant fördert den Auswurf und löst den Schleim. In der Volksmedizin wird die Heilpflanze zur Anregung von Appetit und Verdauung eingesetzt, seltener auch bei Menstruationsbeschwerden und Kopfschmerzen.

ANWENDUNG

Alant als Tee wird bei Bronchialkatarrh (3- bis 4-mal täglich 1 Tasse, mit Honig gesüßt) sowie bei Magen-, Gallenblasen- und Leberleiden (etwa 2-mal täglich) getrunken.

- ☆ Teezubereitung: Übergießen Sie ca. 20 Gramm gesäuberte und geschnittene Wurzeln mit ¼ Liter kaltem Wasser, lassen Sie das Ganze kurz aufkochen, und seihen Sie den Sud nach 15 Minuten ab. Oder übergießen Sie 1 Teelöffel grob gepulverte Alantwurzel mit ¼ Liter kochend heißem Wasser, und seihen Sie den Tee nach 15 Minuten ab. Die getrocknete Wurzel können Sie selbst in der Kaffeemühle mahlen.
- ☆ Außerdem kennt die Volksmedizin auch Alantwein zur Linderung von Husten, Bronchitis und Verdauungsstörungen. Dafür lassen Sie 20 Gramm geschnittene Alantwurzel in 1 Liter Weißwein 10 Tage ziehen, und trinken dann täglich 1 Likörgläschen des Weines schluckweise zu einer Mahlzeit.
- ☆ Frische Alantblätter fördern den Wundheilungsprozess und können deshalb auf kleinere Wunden gelegt werden.
- ☆ Alantextrakte und Alantöl werden in der Naturkosmetik auch als Hautmittel bei Akne, Ekzemen und zur allgemeinen Schönheitspflege eingesetzt.

DAS SOLLTEN SIE BEACHTEN

Alant sollte von Allergikern gemieden werden.

→ Vorsicht auch vor einer Überdosierung: Es können Übelkeit, Erbrechen, Magenschmerzen und Durchfall auftreten.

→ Während der Schwangerschaft und Stillzeit darf Alant nicht innerlich angewendet werden.

Andorn *(Marrubium vulgare)*

Lungendank, Weißer Dorant, Berghopfen, Mariennessel

Der Andorn gehört zu den ältesten Heilpflanzen. Schon die Ägypter verwendeten ihn als Gegenmittel bei Vergiftungen (Antitoxin) sowie zur Linderung von Atemwegserkrankungen. Aber auch bei Ohrenleiden, Seitenstechen oder zur Behandlung einer ausbleibenden Menstruation sowie zur Einleitung der Geburt war Andorn in der Antike ein beliebtes Heilmittel. Im Mittelalter wurde sein Anwendungsgebiet noch einmal erweitert, indem er nun auch zur Behandlung von Wunden, Hämorrhoiden und Magenschmerzen herangezogen wurde. Hildegard von Bingen setzte den Andorn auch zur Linderung von Halsschmerzen ein. Wissenschaftlich anerkannt ist die innerliche Anwendung bei Appetitlosigkeit und Verdauungsbeschwerden.

Botanische Beschreibung Der Andorn, der zur Lippenblütlerfamilie gehört, war ursprünglich in Südeuropa beheimatet, ist aber in ganz Mitteleuropa verbreitet. Er bevorzugt trockene und warme Standorte an Hecken, Zäunen und auf Schutthalden. Der Stamm des buschig wachsenden Andorn wird bis zu 60 Zentimeter hoch. Die weißen Blüten stehen in Scheinquirlen an den Achseln der eiförmigen, gekerbten Blätter. Die Pflanze riecht angenehm, die Blätter schmecken jedoch sehr scharf und bitter.

Sammelzeit Gesammelt werden die blühenden Sprossspitzen in der Zeit von Juni bis August. Frisch geerntet können die Blätter und oberen Pflanzenteile zur Zubereitung eines Presssaftes herangezogen werden.

Inhaltsstoffe Bitterstoffe (bis zu 1,0 Prozent Marrubiin), Gerbstoffe, Flavonoide, Harze, ätherische Öle, Schleimstoffe

Heilwirkungen Der Bitterstoff Marrubiin sowie die anderen in der Pflanze enthaltenen Bitterstoffe regen u. a. die Speichel-, Magensaft- und Gallensekretion an und wirken stärkend und belebend. Außerdem zeichnet sich Andorn durch schleimlösende und auswurffördernde Eigenschaften aus und ist deshalb hilfreich bei krampfartigem Husten. Dank seiner zusammenziehenden (adstringierenden) Wirkung auf die Schleimhäute hilft Andorn auch bei Mund- und Rachenentzündungen.

ANWENDUNG ALS TEE

Bei Atemwegskatarrhen oder als Begleitmaßnahme bei Asthma bronchiale sollten Sie mindestens 3-mal täglich 1 Tasse Andorntee trinken. Zur Verdauungsförderung und Appetitsteigerung ist es sinnvoll, 3-mal täglich 1 Tasse Andorntee vor den Mahlzeiten über einen Zeitraum von mindestens 4 Wochen zu trinken.

- ☆ Teezubereitung: Überbrühen Sie 2 Teelöffel Andornkraut mit ¼ Liter kochend heißem Wasser. Lassen Sie den Tee 10 bis 15 Minuten lang vor dem Abseihen ziehen. Eine belebende Wirkung für morgens oder tagsüber erzielen Sie, wenn Sie den Tee nur 3 bis 5 Minuten lang ziehen lassen.
- ☆ Bei Leber- und Gallenblasenbeschwerden empfiehlt sich eine Teemischung: Mischen Sie 15 Gramm Andornkraut mit 10 Gramm Löwenzahnkraut, 10 Gramm Wermutkraut und 5 Gramm Pfefferminzblätter. Nehmen Sie 2 Teelöffel der Mischung und überbrühen Sie diese mit ¼ Liter kochend heißem Wasser. Seihen Sie ihn ab, nachdem Sie den Tee 10 Minuten lang zugedeckt haben ziehen lassen.

DAS SOLLTEN SIE BEACHTEN

Bei längerer oder höher dosierter Einnahme kann es eventuell zu Herzrhythmusstörungen kommen. Fragen Sie vorher Ihren Arzt, falls Sie unter einer Herzerkrankung leiden.

Anis *(Pimpinella anisum)*

Änis, Taubenanis, Anis-Bibernelle, Süßer Fenchel, Runder Fenchel

Die Heimat des Anis wird im Orient vermutet. In Deutschland ist er meist in Gewürzgärten anzutreffen, kann aber auch verwildert vorkommen. Größere Kulturen gibt es in Südeuropa. Die Verwendung von Anis als süßlich schmeckendes Gewürz, z. B. für die Weihnachtsbäckerei, für bestimmte Brotsorten und Süßspeisen, hat ebenso Tradition wie sein Einsatz als wirksames Heilmittel gegen Husten, Blähungen und zur Anregung der Milchbildung bei stillenden Müttern. Weil Anistee im Allgemeinen sehr gut verträglich und mild im Geschmack ist, wird er gern zur Behandlung von Beschwerden bei Kindern genommen. Schon bei Säuglingen hilft warmer Anistee gegen Drei-Monats-Koliken und Blähungen. Wissenschaftlich anerkannt ist die Anwendung von Anis bei Verdauungsstörungen sowie zur Behandlung von Katarrhen der Atemwege. Eine aus den Anisfrüchten destillierte Essenz wird zur Schnapsherstellung genutzt (z. B. Ouzo).

Botanische Beschreibung Anis ist ein stark aromatisches, einjähriges Würzkraut, das zur Familie der Doldengewächse gehört. Es wird 40 bis 70 Zentimeter hoch. Ab Juli zeigen sich weiße mehrstrahlige Blütendolden, in denen sich die rundlich-eiförmigen Samen ausbilden. Die Ernte der Pflanzen erfolgt von August bis September. Sie werden zuerst an der Luft getrocknet, dann werden die Aniskörner durch Dreschen gewonnen und an einem trockenen Ort gelagert.

Inhaltsstoffe Ätherische Öle (Hauptbestandteil: Anethol), Kumarine, Flavonoide

Heilwirkungen Dank seines hohen Anteils an ätherischen Ölen fördert Anis die Schleimlösung bei Atemwegsinfekten, gleichzeitig wirkt er antibakteriell. Auf die ätherischen Öle geht auch seine anregende Wirkung auf die Milchbildung bei stillenden Müttern zurück. Darüber hinaus wirkt die Heilpflanze krampflösend und beseitigt eine vermehrte Gasansammlung im Darm, weshalb Anis – auch in Kombination mit Fenchel und Kümmel – als Mittel gegen Blähungen und krampfartige Verdauungsbeschwerden vor allem bei Säuglingen und Kindern zum Einsatz kommt.

ANWENDUNG

Als Tee zubereitet hilft Anis bei Verdauungsbeschwerden sowie bei Husten. Zur Schleimlösung bei Atemwegsinfekten wird vom Anistee am besten morgens und abends je eine Tasse getrunken, zur Linderung von krampfartigen Bauchschmerzen oder bei Blähungen können Sie bis zu 4-mal täglich eine Tasse trinken bzw. Ihrem Kind verabreichen.

- ☆ Teezubereitung: Gießen Sie pro Tasse 1 bis 2 Teelöffel getrocknete und zerkleinerte Früchte mit kochendem Wasser auf. Lassen Sie den Aufguss 10 bis 15 Minuten lang ziehen, und seihen Sie ihn dann ab.
- ☆ Wenn Sie häufig unter trockenem Mund leiden: Zerkauen Sie zur Anregung des Speichelflusses täglich 1- bis 2-mal 5 bis 10 Anisfrüchte, oder lutschen Sie Anisbonbons (sind in der Apotheke erhältlich).

DAS SOLLTEN SIE BEACHTEN

Das Sammeln von Anis erfordert sehr gute Pflanzenkenntnisse, da er leicht mit anderen giftigen Doldengewächsen verwechselt werden kann.

→ Manche Menschen reagieren allergisch auf Anethol.

Arnika *(Arnica montana)*

Bergwohlverleih, Wundkraut, Bruchkraut, Fallkraut, Wohlverleih, Mitterwurz, Johannisblume

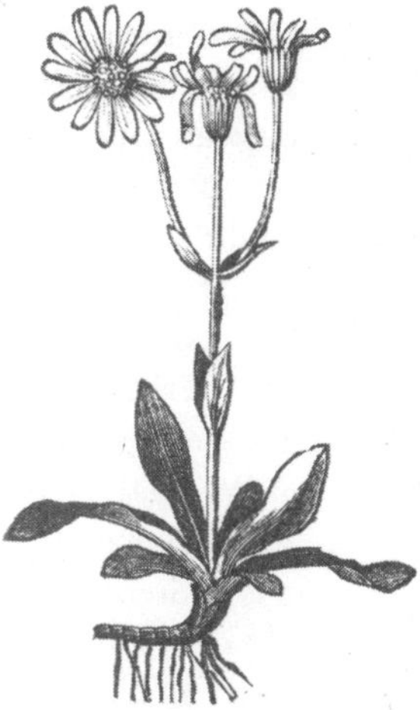

Als eine Art »Erste-Hilfe-Pflanze« behauptet Arnika schon seit mehr als 500 Jahren einen festen Platz in der Hausapotheke, und zwar vorrangig in der Behandlung akuter Verletzungen wie z. B. Wunden, Prellungen oder Blutergüsse. Seitdem Arnika 2001 zur Heilpflanze des Jahres gekürt wurde, erlebt sie hierzulande einen wahren Boom: Als Bestandteil von Salben und Tinkturen, als wichtiges Akutmittel in der Homöopathie und als Aromaöl gehören die verschiedenen Arnikazubereitungen derzeit zu den am häufigsten eingesetzten standardisierten Fertigpräparaten auf Pflanzenbasis. Heute wird Arnika nur noch äußerlich angewendet, obwohl sie früher als fiebersenkendes und Stärkungsmittel bekannt war.

Botanische Beschreibung Arnika gehört zur Familie der Korbblütler und wächst vor allem in Bergwäldern und auf Bergwiesen oberhalb von 800 Metern. Die etwa 20 bis 60 Zentimeter hohe Staude besitzt einen kurzen dicken Wurzelstock. Die Blätter sind in einer Rosette angeordnet. Die Blütenblätter leuchten dottergelb, mitunter auch orangegelb. Die Heilpflanze riecht stark aromatisch, wobei ihr Blütenstaub einen heftigen Niesreiz auslösen kann. Die Hauptblütezeit ist von Juli bis August. Arnika gehört zu den streng geschützten Pflanzen und darf in der freien Natur nicht gepflückt werden. Zu Heilzwecken werden die getrockneten Blüten verwendet, die in der Apotheke erhältlich sind.

Inhaltsstoffe Sesquiterpenlaktone, ätherische Öle, Flavonoide, Kumarine und Gerbstoffe

Heilwirkungen Der hohe Gehalt an ätherischen Ölen zusammen mit den Sesquiterpenlaktonen ist verantwortlich für die entzündungshemmende, desinfizierende und schmerzstillende Wirkung der Heilpflanze. Wegen dieser Eigenschaften ist Arnika besonders geeignet zur Akutbehandlung von Sportverletzungen, so z. B. bei Prellungen, Quetschungen, Blutergüssen, Verstauchungen oder einer Gewebsschwellung nach Knochenbrüchen – ihre volkstümlichen Namen weisen auf diese Verwendung hin. Ebenso hilft die Heilpflanze bei rheumatischen Erkrankungen sowie bei Nervenschmerzen (Neuralgien). Außerdem haben sich Arnikaanwendungen bei Furunkelbildungen, nach Insektenstichen sowie bei Entzündungen im Mund- und Rachenraum bewährt.

ANWENDUNG

Zwar sagt man der Heilpflanze auch nach, dass sie eine anregende Wirkung auf Magen, Darm und Nervensystem habe, doch ist die richtige Dosierung schwierig und das Vergiftungsrisiko sehr hoch, was der Arnika denn auch zeitweise einen schlechteren Ruf einbrachte, als sie verdient hatte. Von einer innerlichen Anwendung der getrockneten Arnikablüten wird heute abgeraten! Sie können (lauwarmen) Arnikatee jedoch sehr gut zum Gurgeln, z. B. bei Mund- und Rachenentzündungen einsetzen.

☆ Teezubereitung zum Gurgeln: Übergießen Sie 1 Esslöffel getrocknete Arnikablüten mit 1/4 Liter kochendem Wasser, und seihen Sie den Sud nach 8 bis 10 Minuten ab. Bevor Sie zu gurgeln anfangen, lassen Sie den Tee weiter abkühlen, bis er nur noch lauwarm ist.

ARNIKAPRÄPARATE

Unbedenklich ist die innerliche Anwendung von Arnika in homöopathischer Aufbereitung, z. B. in Form von Globuli bzw. Streukügelchen (in Apotheken). Im Urlaub, bei Sport und Spiel sollte ein Fläschchen immer dabei sein.

☆ In der Apotheke sind auch zahlreiche arnikahaltige Fertigzubereitungen zur äußerlichen Anwendung erhältlich, so z. B. Arnikasalbe oder Arnikatinktur.
☆ Selbst in Bädern, Körpercremes, Shampoos und anderen Kosmetika stecken häufig Arnikaessenzen, da sie eine gute hautstraffende, den Hautstoffwechsel anregende Wirkung haben.

ARNIKATINKTUR SELBST GEMACHT

Bei Muskel- und Gelenkschmerzen haben sich Umschläge bewährt, die in Arnikatinktur getränkt sind. Sie können die Umschläge mehrmals täglich auf die betroffenen Muskel- und Gelenkbereiche auflegen.
☆ Tinkturzubereitung: Übergießen Sie 10 Gramm Arnikablüten mit 100 Gramm 70 %igem Alkohol, und lassen Sie die Mischung abgedeckt stehen. Nach 2 Wochen können Sie sie abpressen, nach weiteren 10 Tagen abfiltern. Verwenden Sie die Tinktur nicht pur, sondern immer mit Wasser verdünnt (1 Teelöffel Tinktur mit ¼ Liter Wasser)!
☆ Arnikaumschlag: Geben Sie auf ein Lein- oder Baumwolltuch großzügig verdünnte Arnikatinktur, und legen Sie dieses bis zu 4-mal täglich jeweils für ca. 15 bis 20 Minuten auf die betroffene Körperpartie.

DAS SOLLTEN SIE BEACHTEN

Arnika steht unter Naturschutz. Deshalb ist es nicht erlaubt, die Pflanze zu pflücken.
→ Wenn Sie zu Allergien neigen, sollten Sie bei der Anwendung von Arnika vorsichtig sein: Das enthaltene Helenalin kann bei häufiger, längerer Anwendung allergische Reaktionen der Haut auslösen.
→ Besteht eine Allergie gegen Korbblütler, sollten Sie generell auf Teezubereitungen mit Arnika verzichten.

Augentrost *(Euphrasia officinalis, Euphrasia rostkoviana)*

Wiesenwolf, Augendank, Augustinuskraut, Gibinix, Herbstblümle, Milchdieb, Wegleuchte, Nitnützle

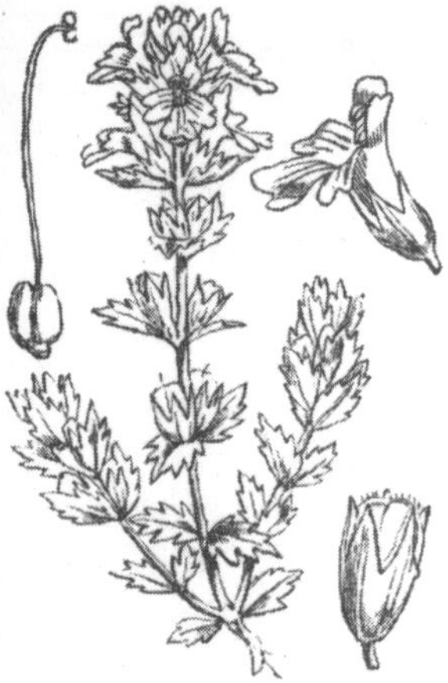

Der Name der Pflanze deutet bereits auf ihre Heilwirkungen hin: Der Augentrost spendet natürliche Hilfe bei Ermüdungserscheinungen und Erkrankungen der Augen und hat in dieser Funktion Einzug in die Cremetöpfe der Kosmetikindustrie gehalten. Bereits Paracelsus beschrieb seine Wirksamkeit bei Entzündungen der Bindehaut und des Lidrands. Später pries Sebastian Kneipp Augentrost auch als wirksames Mittel bei Magenbeschwerden. Die Volksmedizin verwendet ihn zudem bei Husten mit schleimigem Auswurf sowie bei Kopfschmerzen im Stirnbereich. Heute ist Augentrost als standardisierte Fertigarznei z. B. in Form von Tropfen erhältlich, mit denen erfolgreich Gerstenkörner und andere Infektionen des Auges behandelt werden.

Botanische Beschreibung Augentrost siedelt sich hierzulande bevorzugt auf Magerwiesen an, kommt jedoch bis in Bergregionen vor. Er gehört zur Familie der Braunwurzgewächse, dabei ähneln seine Blüten und Blätter denen eines Lippenblütlers. Der Augentrost ist ein Halbschmarotzer, der trotz eigenen Blattgrüns mit seinen Wurzeln die Nährlösungen anderer Pflanzen abzapft. Die einjährige Pflanze ist duftlos und bis zu 30 Zentimeter groß.

Sammelzeit Zu Heilzwecken wird das gesamte Kraut zur Blütezeit zwischen Juli und September geerntet, getrocknet und lichtgeschützt in einem luftdichten Gefäß aufbewahrt.

Inhaltsstoffe Aucubin und andere Iridoidglykoside, Gerbstoffe, Flavonoide, Phenolkarbonsäure und ätherische Öle

Heilwirkungen Dank seines hohen Gehalts an Glykosiden wirkt der Augentrost vor allem antibiotisch und ist daher ein hilfreiches Mittel gegen (bakterielle) Entzündungen der Augenbindehaut und des Lidrandes sowie bei Gerstenkörnern. Außerdem beruhigt er gereizte Augen und lindert Schwellungen. Die Heilwirkung des Augentrosts bei Magen-Darm-Beschwerden geht auf die Gerbstoffe zurück.

ANWENDUNG ALS TEE

Täglich eine Tasse Augentrosttee unterstützt die Wirkung der äußerlichen Anwendung. Zur Linderung einer extremen Lichtempfindlichkeit kann die Anwendung einer täglichen Tasse Augentrosttee äußerst hilfreich sein. Diese Teekur empfiehlt sich außerdem auch bei starkem Heuschnupfen oder zur Stärkung des Immunsystems.

☆ Teezubereitung: Überbrühen Sie 1 Teelöffel Augentrost mit ¼ Liter heißem Wasser. Lassen Sie den Aufguss 10 Minuten lang ziehen, und seihen Sie ihn dann ab.

ANWENDUNG ALS KOMPRESSE

Augentrostkompressen helfen bei Entzündungen der Bindehaut und des Lidrandes sowie zur Aufweichung von Gerstenkörnern.

☆ Augenkompresse: Setzen Sie 2 Teelöffel Augentrostkraut mit ¼ Liter kaltem Wasser an, und lassen Sie das Ganze kurz aufkochen. Seihen Sie den Sud nach 10 Minuten ab. Lassen Sie ihn abkühlen und tränken Sie dann ein Leinen- oder Baumwolltuch darin. Auf die geschlossenen Augen legen.

DAS SOLLTEN SIE BEACHTEN

→ Geben Sie Augentrosttee nicht in die offenen Augen!

→ Bei der innerlichen Anwendung sollten Erwachsene maximal drei Tassen, Kinder nicht mehr als eine Tasse Tee täglich trinken.

Bärentraubenblätter *(Arctostaphylos uva-ursi)*

Wilder Buchs, Harnkraut, Moosbeere, Bärentee, Garlen

Auch wenn die Bärentraube als Heilpflanze bereits im 12. Jahrhundert in einem walisischen Kräuterbuch erwähnt wurde, fand sie in der Volksmedizin doch erst im 18. Jahrhundert allgemeine Verbreitung, und zwar als hilfreiches Mittel gegen Blasen- und Nierenleiden. Heute ist ihre antiseptische Wirkung im Bereich von Blase und Nieren wissenschaftlich anerkannt, wobei ihr für die Behandlung von Infektionen der Harnwege – neben Birkenblättern und Goldrutenkraut – auch von der Schulmedizin ein hoher Stellenwert eingeräumt wird. Bärentraubenblätter sind auch als standardisierter Pflanzenextrakt z. B. in Form von Tropfen oder Blasen- und Nierentees erhältlich.

Botanische Beschreibung Die Bärentraube gehört zu den Heidekrautgewächsen und wächst als Strauch, der zwischen 30 Zentimetern und 80 Zentimetern groß wird, vorwiegend in Kiefernwäldern, auf Moor- und Heideboden. In den Alpen gedeiht sie bis zu einer Höhe von 2.500 Metern. Sie trägt immergrüne verkehrt eiförmige, ledrige, dicke Blätter, die an ihrer Oberseite glänzen und an ihrer Unterseite matt sind. Die Blüten sind weißlich bis rosarot und glockig in ihrer Form. Aus diesen Blüten entwickeln sich scharlachrote Beeren, die säuerlich-herb schmecken. Da die Bärentraube geschützt ist, darf sie nicht gesammelt werden. Die zu Heilzwecken im Herbst geernteten und getrockneten Blätter erhalten Sie als Droge in der Apotheke.

Inhaltsstoffe Die Glykoside Arbutin und Methylarbutin sowie Gerbstoffe, Flavonoide und etwas ätherisches Öl

Heilwirkungen Wissenschaftlich anerkannt ist die antibakterielle Wirkung der Bärentraubenblätter auf die ableitenden Harnwege; auch wird der Heilpflanze ein leicht harntreibender Effekt zugesprochen. Diese Eigenschaften zeichnen die Bärentraubenblätter als hilfreiches Mittel bei entzündlichen Blasen- und Nierenerkrankungen aus. Vermutlich auf die relativ hohe Konzentration an Gerbstoffen geht die Heilkraft bei chronischen Durchfällen zurück. Darüber hinaus werden Bärentraubenblätter bei Husten eingesetzt.

ANWENDUNG

Zur Durchspülungstherapie bei Harnwegsinfekten hat sich Bärentraubenblättertee bewährt. Da die Blätter sehr viel Gerbstoffe enthalten, die bei der Teezubereitung mit kochendem Wasser verstärkt mit ausgezogen werden, kann Magenunverträglichkeit auftreten. Deshalb ist es sinnvoll, den Tee kalt zuzubereiten.

☆ Teezubereitung (Kaltansatz): Übergießen Sie 2 Teelöffel Bärentraubenblätter mit ¼ Liter Wasser, und lassen Sie diesen Ansatz 12 Stunden lang zugedeckt stehen. Rühren Sie ihn in dieser Zeit gelegentlich um. Seihen Sie den Tee danach ab und erwärmen Sie ihn vor dem Trinken (nicht kochen lassen).

DAS SOLLTEN SIE BEACHTEN

→ Um Magenreizungen und Brechreiz zu vermeiden ist es wichtig, den Bärentraubenblättertee kalt zuzubereiten und eine Überdosierung (nicht mehr als 6 Tassen pro Tag) zu vermeiden.

→ Damit die Bärentraubenblätter ihre antiseptische Wirkung voll entfalten können, darf der Harn nicht sauer sein. Sorgen Sie daher gegebenenfalls für eine Alkalisierung des Urins, indem Sie vor der Heilanwendung ¼ Teelöffel Natriumkarbonat einnehmen.

→ Während der Schwangerschaft und in der Stillzeit sollten Bärentraubenblätter nicht angewendet werden.

Baldrian *(Valeriana officinalis)*

Katzenkraut, Hexenkraut, Stinkwurz, Mondwurzel

Seit dem vierten Jahrhundert vor Christus wird Baldrian als wirksame Heilpflanze geschätzt, so u.a. gegen Frauenleiden, Sehstörungen und Herzbeschwerden. Hildegard von Bingen empfahl ihn auch gegen Rippenfellentzündungen und Gicht. Zudem wurde die Baldrianwurzel über die Jahrhunderte hinweg zum Schutz gegen Pest und andere Seuchen, aber auch gegen böse Geister eingesetzt. Die wichtige Bedeutung dieser »Wunderdroge« als Nerven- und Beruhigungsmittel wurde jedoch erst im 18. Jahrhundert erkannt – seitdem fehlt der Baldrian als sanftes, aber effektives Mittel insbesondere gegen Schlafstörungen und Nervosität in fast keiner Hausapotheke. Ihre Beliebtheit verdankt die Heilpflanze nicht zuletzt der Tatsache, dass sie im Allgemeinen sehr gut verträglich ist. Außerdem beeinträchtigt Baldrian im Unterschied zu synthetisch hergestellten Beruhigungs- oder Schlafmitteln weder die Konzentration noch macht er süchtig. Dies gilt auch für hoch dosierte Baldrianextrakte, die als Fertigarznei (z. B. Tropfen, Dragées oder Kapseln) erhältlich sind.

Botanische Beschreibung Der Baldrian ist eine kräftige, ausdauernde Pflanze aus der Familie der Baldriangewächse, die bevorzugt an feuchten Uferböschungen, Gräben, Weiden und in feuchten Wäldern wächst. Die Heilpflanze kann bis zu 1,80 Meter hoch werden und hat einen aufrechten, gefurchten, schwach behaarten Stängel. An ihm wachsen gegenständige unpaarig gefiederte große Blätter, die nach oben hin kleiner werden. Der doldenartige Blütenstand besitzt gestielte rötlich-weiße Blüten.

Sammelzeit Zu Heilzwecken werden die Wurzeln der mindestens zweijährigen Pflanze verwendet. Diese werden im September und Oktober ausgegraben. Anschließend werden sie gereinigt, die kleinen Wurzelfasern werden entfernt, die übrigen Wurzelteile werden getrocknet und dann fein geschnitten. Während des Trocknens entsteht der charakteristische intensive Baldriangeruch, der auf Menschen eher unangenehm wirkt, auf Katzen jedoch eine unwiderstehliche Anziehungskraft ausübt.
Inhaltsstoffe Valepotriate, Valerensäure, Alkaloide (Chatinin und Valerin), ätherische Öle, Schleimstoffe, Gerbstoffe
Heilwirkungen Vor allem auf die Valepotriate in Verbindung mit den ätherischen Ölen geht die ausgleichende Wirkung des Baldrians auf unsere Befindlichkeit zurück. Dabei wirkt Baldrian einerseits beruhigend, kann aber andererseits auch dazu beitragen, dass wir uns besser konzentrieren können und insgesamt leistungsfähiger sind. Die Anwendung von Baldrian bei Unruhezuständen und Schlafstörungen ist wissenschaftlich anerkannt. Dank seiner krampflösenden Eigenschaften, für die insbesondere die hohe Konzentration an Valerensäure verantwortlich ist, hat die Einnahme von Baldrianzubereitungen zudem einen positiven Effekt auf (nervös bedingte) krampfartige Magen- und Darmbeschwerden. Ebenso hat sich Baldrian, so die Erfahrung der Volksmedizin, bei nervösem Herzklopfen bewährt.

ANWENDUNG IN AKUTEN FÄLLEN

Baldriantee hilft bei Nervosität und Ängsten und kann zum Stressabbau beitragen. Da Baldrian keine narkotisierende Wirkung hat, eignet er sich auch gut als Mittel gegen Prüfungsangst.

- ☆ Teezubereitung: Tee aus Baldrianwurzeln ist am wirkungsvollsten, wenn die Pflanzenteile kalt ausgezogen werden. Geben Sie am besten morgens 1 Teelöffel frische oder getrocknete Baldrianwurzeln in ¼ Liter kaltes Wasser, und lassen Sie das Ganze zugedeckt 12 Stunden lang ziehen. Seihen Sie den Auszug ab, und erwärmen Sie ihn vor dem Trinken. Trinken Sie vor dem Schlafengehen eine Tasse davon.

- ☆ Einen wohltuenden, entspannenden Effekt hat auch ein Vollbad, dem Baldrianwurzeln beigegeben sind. Diese Maßnahme können Sie auch bei Kindern ab 3 Jahren anwenden, die hyperaktiv oder unruhig sind.
- ☆ Vollbad: Füllen Sie ca. 10 Gramm klein geschnittene Baldrianwurzeln in ein kleines Leinen- oder Baumwollsäckchen, und hängen Sie dieses ins warme Badewasser. Baden Sie nicht länger 10 Minuten, und legen Sie danach, wenn möglich, eine Ruhepause ein.

ANWENDUNG BEI CHRONISCHEN ZUSTÄNDEN

Bei chronischen Schlafstörungen ist es sinnvoll, wenn Sie mehrere Tassen Baldriantee über den Tag verteilt trinken.

- ☆ Um Ängste, Stress und Unruhe abzubauen hat sich auch eine kurmäßige Anwendung von Baldriantinktur bewährt.
- ☆ Tinkturzubereitung: Lassen Sie 20 Gramm getrocknete und zerkleinerte Baldrianwurzeln in 100 Milliliter 70 %igem Alkohol 10 Tage lang in einer dunklen Flasche ziehen. Seihen Sie die Mischung anschließend ab.
- ☆ Nehmen Sie mindestens 2, aber ohne ärztliche Absprache nicht länger als 4 Wochen 2- bis 3-mal täglich ca. 10 Tropfen auf ein halbes Glas Wasser verdünnt zu den Mahlzeiten ein.

DAS SOLLTEN SIE BEACHTEN

Generell gilt: In niedrigen Dosen wirkt Baldrian anregend, mit zunehmender Dosierung tritt dann der beruhigende Effekt ein.

→ Baldrian-Fertigpräparate wirken intensiver als Teezubereitungen. Bei ausgeprägteren Einschlafstörungen, Unruhe- oder Angstzuständen wird derzeit eine Tagesdosis von 500 bis 600 Milligramm Baldriantrockenextrakt empfohlen.

Beinwell *(Symphytum officinale)*

Beinheil, Hasenbrot, Soldatenwurz, Beinwurz

Schon Paracelsus und Hildegard von Bingen verwendeten den Beinwell zur Behandlung von Knochenbrüchen, Geschwüren, Wunden und Schwellungen. Der botanische Name enthält das griechische Wort *symphein* für »zusammenwachsen« und weist damit auf diese uralte Verwendung der Heilpflanze hin. Heute ist die äußerliche Anwendung von Beinwell bei stumpfen Verletzungen sowie bei Venen-, Sehnen- und Muskelentzündungen wissenschaftlich anerkannt, so findet er sich als Inhaltsstoff auch in verschiedenen Kombinationspräparaten.

Botanische Beschreibung Der Beinwell gehört zur Familie der Raublattgewächse *(Boriganaceen)* und ist hierzulande vor allem an feuchten Gräben, Waldrainen und Bachufern anzutreffen. Aus einem kräftigen schwarzen Wurzelstock, der innen weiß ist, wachsen verästelte Stängel, die bis zu 1 Meter hoch werden können. Der kantige Stängel trägt schmale, rau behaarte Blätter und in der Blütezeit von Mai bis September glockige Blüten, die rotviolett sind und traubenartig überhängen.

Sammelzeit Zu Heilzwecken werden die Wurzeln verwendet, die entweder im zeitigen Frühjahr oder im Spätherbst ausgegraben werden.

Inhaltsstoffe Allantoin, Cholin, Gerbstoffe, Schleimstoffe, Rosmarinsäure

Heilwirkungen Allantoin und Cholin fördern die Wundheilung und regen die Gewebeneubildung sowie die Durchblutung an, sodass sich Gewebe nach Verletzungen schnell regenerieren kann und Entzündungen rasch abklingen. Hauptanwendungsgebiete des Beinwells sind Quetschungen, Prellungen, Blutergüsse, Zerrungen und Verstauchungen sowie Sehnen- und Muskelentzündungen; ebenso kann Muskelkater durch Beinwellanwendungen gelindert werden.

ANWENDUNG

Zur äußerlichen Anwendung, d. h. zum Einreiben und für Umschläge, werden in der Apotheke erhältliche Salben oder Tinkturen eingesetzt. Tinkturen können Sie leicht selbst herstellen.

- ☆ Tinkturzubereitung: Die Wurzeln werden gesäubert und in Scheiben geschnitten. Diese werden mit hochprozentigem Alkohol angesetzt und zum Ziehenlassen ca. 8 Wochen beiseite gestellt. Danach seihen Sie die Flüssigkeit ab und füllen sie in dunkle Flaschen.
- ☆ Beinwellumschlag: Geben Sie auf ein Lein- oder Baumwolltuch großzügig Beinwelltinktur, und legen Sie das Tuch bis zu 4-mal täglich jeweils für ca. 15 bis 20 Minuten auf die betroffene Körperpartie.

DAS SOLLTEN SIE BEACHTEN

Weil die im Beinwell enthaltenen Pyrrolizidinalalkaloide giftig sind, werden Beinwellwurzeln nicht innerlich angewendet! Diese Alkaloide können bei Langzeitanwendung Venenthrombosen fördern und Leberschäden hervorrufen, außerdem sagt man ihnen eine Krebs erregende Wirkung nach.

→ Beinwell darf nur bei stumpfen Verletzungen, also auf intakter Haut aufgetragen werden.

→ Die Anwendungen sollten auf maximal 4 bis 6 Wochen beschränkt bleiben.

→ Während der Schwangerschaft und Stillzeit sowie bei Kindern sollten Beinwellanwendungen nicht durchgeführt werden.

Birkenblätter *(Betula pendula)*

Besenbaum, Rutenbaum, Frühlingsbaum

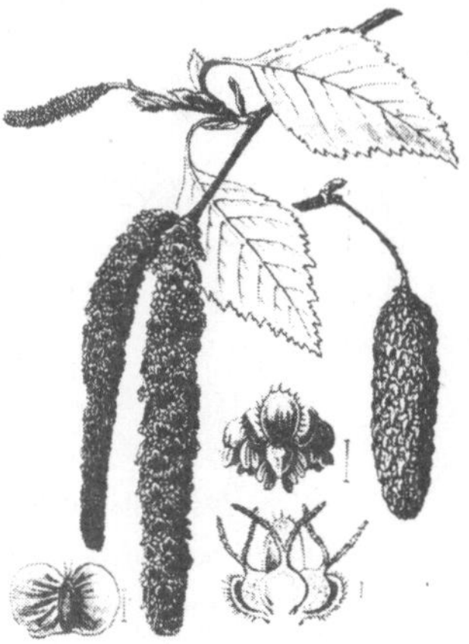

Hildegard von Bingen und andere Autoren des Mittelalters empfahlen den zuckerhaltigen Saft, den man aus der Rinde der Birke gewann, als wirksames Mittel gegen Leberleiden und die Bildung von Harnsteinen. Heute werden fast ausschließlich die Blätter der Birke zu medizinischen Zwecken verwendet (auch in Fertigarzneien), wobei ihre Heilkraft bei Harnwegsinfekten inzwischen wissenschaftlich anerkannt ist.

Botanische Beschreibung Die Birke gehört zur Familie der Birkengewächse *(Betulaceen)* und wächst in gemäßigten Zonen Europas. Sie wird im Durchschnitt etwa 25 Meter hoch und hat eine braune, ab dem Frühsommer eine weiße Rinde.

Inhaltsstoffe Flavonoide, Gerbstoffe, Saponine, Vitamin C, Bitterstoffe und Harze

Heilwirkungen Die Wirkung der Birkenblätter auf Nieren und Blase geht vor allem auf den hohen Gehalt an Flavonoiden zurück. Die Volksmedizin verwendet sie auch bei rheumatischen Beschwerden, Gicht und verschiedenen Hauterkrankungen.

ANWENDUNG

Birkenblättertee eignet sich sehr gut zur Durchspülungstherapie bei akuten Harnwegsinfekten. Trinken Sie täglich 3- bis 4-mal 1 Tasse Birkenblättertee. Um den entwässernden Effekt zu steigern, trinken Sie anschließend jeweils 1 Glas Wasser nach.

☆ Teezubereitung: 1 Esslöffel getrocknete Blätter mit ¼ Liter kochendem Wasser übergießen, nach 10 Minuten abseihen.

Bitterklee *(Menyanthes trifoliata)*

Fieberklee, Hasenohr, Sumpfklee, Wasserklee, Gallkraut

Früher wurde der Bitterklee vor allem zur Senkung von Fieber sowie bei rheumatischen Beschwerden und Gicht eingesetzt. Ebenso war die Heilpflanze ein beliebtes Mittel gegen Unterleibsentzündungen bei Frauen. Heute verwendet sie die Volksmedizin vorrangig zur Linderung von Verdauungsstörungen und Gallenblasenleiden. Der Bitterklee ist als heilkräftige Bitterstoffdroge wissenschaftlich anerkannt.

Botanische Beschreibung Der Bitterklee mit seinen attraktiven weißen Blüten ist eine Sumpfpflanze und gehört zur Familie der *Menyanthaceae.* Der Stängel wird bis zu 30 Zentimeter hoch; die dreizähligen Blätter sind lang gestielt. Er steht unter Naturschutz und darf deshalb nicht gepflückt werden.

Inhaltsstoffe Das Bitterstoffglykosid Menyanthin, Flavonoide, Gerbstoffe, Pektin, Saponine Glykoalkaloide, ätherische Öle

Heilwirkungen Zu Heilzwecken werden die Blätter verwendet. Dank seines hohen Gehalts an Bitterstoffen steigert Bitterklee die Speichel- und Magensaftproduktion und fördert den Gallenabfluss. Er wird auch zur Behandlung von Gallensteinen eingesetzt. Er wirkt appetitsteigernd und allgemein belebend.

ANWENDUNG

☆ Teezubereitung: Mischen Sie 15 Gramm Bitterklee (allein wäre er zu bitter) mit 10 Gramm Pfefferminze und 5 Gramm Schafgarbe. Nehmen Sie davon 1 Teelöffel und überbrühen Sie ihn mit 1/4 Liter kochend heißem Wasser. Seihen Sie den Sud nach 5 Minuten ab und trinken Sie den Tee schluckweise.

Blutwurz /Tormentill

(Potentilla erecta)

Rotwurz, Ruhrwurz, Siebenfinger, Dilledapp

Als »Blutwurz« wurden im Mittelalter verschiedene Pflanzen mit blutstillenden Eigenschaften bezeichnet. So auch der Tormentillwurzelstock, dessen gelblich-weißes Wurzelinnere sich beim Aufschneiden blutrot verfärbt und von dem man deshalb annahm, dass er bei Nasenbluten, Bluthusten, Magen- und Darmblutungen hilfreich sei. Wenn heute von Blutwurz die Rede ist, dann ist dieser Tormentill gemeint. Die moderne Kräuterheilkunde schätzt ihn vor allem als ausgezeichnet verträgliche Gerbstoffdroge, die akute Durchfälle lindert.

Botanische Beschreibung Blutwurz oder Tormentill gehören zu den Rosengewächsen *(Rosaceen)* und sind hierzulande weit verbreitet. Man findet ihn häufig an feuchten Waldlichtungen, Weiden und Mooren. Aus dem kräftigen Wurzelstock wachsen mehrere dünne, verzweigte Stängel, die anfangs flach am Boden liegen und sich später je nach Standort zwischen 30 und 60 Zentimeter hoch aufrichten. An den oberen Stängelenden befinden sich auf vierblättrigen grünen Kelchen die goldgelben Blüten.

Sammelzeit Zu Heilzwecken wird der Wurzelstock im Frühjahr kurz vor oder im Herbst kurz nach der Blütezeit ausgegraben.

Inhaltsstoffe Gerbstoffe, Flavonoide, Phenolkarbonsäure, Saponine, ätherisches Öl

Heilwirkungen Auf ihrem hohen Gerbstoffgehalt beruht der »stopfende« Effekt der Blutwurz bei akutem und wässrigem Durchfall. Zugleich wirkt die Blutwurz antibakteriell und zusammenziehend (adstringierend) auf Schleimhäute, daher die erfolgreiche und wissenschaftlich anerkannte Anwendung bei Mund- und Rachenentzündungen. Die Volksmedizin setzt die Heilpflanze auch zur Behandlung von entzündlichen Prozessen des Dick- und Dünndarms sowie bei übermäßig starken Menstruationsblutungen ein. Fein gemahlenes Blutwurzpulver wird zur Blutstillung bei Schnittwunden verwendet.

ANWENDUNG

Trinken Sie 3-mal täglich 1 Tasse Blutwurztee bei Durchfall. Blutwurz kann auch in Pulverform (in der Kaffeemühle so fein wie möglich gemahlen) eingenommen werden, doch sollte die Dosis von 3-mal täglich 1 Messerspitze nicht überschritten werden.

- ☆ Teezubereitung: Setzen Sie 1 Teelöffel der Wurzel mit kaltem Wasser an, und kochen Sie den Sud bei zugedecktem Topf ca. 10 Minuten lang.
- ☆ Bei Entzündungen im Mund- und Rachenraum können Sie mit einem lauwarmen Tee oder einer Blutwurztinktur (40 Tropfen in ein halbes Glas Wasser) gurgeln.
- ☆ Tinkturzubereitung: Zerkleinern Sie die getrockneten Wurzeln in einem Steinmörser. Füllen Sie ein dunkles verschließbares Glas zur Hälfte mit dem Pulver und geben Sie hochprozentigen Alkohol dazu, bis das Glas voll ist. Lassen Sie die Tinktur 2 bis 3 Wochen ziehen, und füllen Sie diese nach dem Abseihen in eine dunkle Flasche.

DAS SOLLTEN SIE BEACHTEN

Durchfälle, die länger als zwei bis drei Tage anhalten, müssen ärztlich abgeklärt werden!

→ Wegen des hohen Gerbstoffgehaltes reagiert die Blutwurz gegenüber verschiedenen Metallen wie Eisen, Kupfer oder Jod unverträglich. Sie sollten bei der Verarbeitung der Wurzel darauf achten, dass sie nicht mit diesen Substanzen in Kontakt kommt.

Brennnessel *(Urtica dioica)*

Donnernessel, Hanfnessel, Sengnessel

Die Brennnessel gehört zu den bekanntesten Kräutern in unseren Breiten. Heute oftmals als lästiges Unkraut verunglimpft, gehört das haarige Nesselgewächs faktisch jedoch zu den ältesten Heilpflanzen überhaupt. Dabei wurden ihm im Laufe der Jahrhunderte zahlreiche gesundheitsfördernde Eigenschaften zugeordnet, darunter ein blutreinigender, entgiftender, entzündungshemmender, schmerzlindernder und entwässernder Effekt. All diese Wirkungen sind inzwischen wissenschaftlich anerkannt. Bis ins späte Mittelalter wurde die Brennnessel als Universalmittel gegen eine Vielzahl von Beschwerden von Blutarmut bis zur Anregung des Haarwuchses eingesetzt; außerdem priesen einige Kräuterbücher die Heilpflanze wegen ihrer »brennenden Eigenschaften« auch als Fruchtbarkeitsmittel und Aphrodisiakum.

Botanische Beschreibung Die mehrjährige Große Brennnessel gehört zu den Nesselgewächsen *(Urticaceae)* und wächst an halb schattigen Plätzen, z. B. an Mauern, Hecken, Zäunen, Schuttplätzen oder an Waldrändern. Trotz ihrer Wuchshöhe von 50 Zentimeter bis 1,5 Meter ist sie eher unscheinbar. Die Blätter sind ei- bis herzförmig, vorne zugespitzt, mit grob gesägtem Rand, die Blüten grünlich. Am vierkantigen Stängel sowie an der Blattunter- und Oberseite befinden sich feine Härchen mit einer kugelförmigen Spitze. Diese bricht bei Berührung ab, und es tritt Ameisensäure aus, die dann die typischen Hautreizungen wie Brennen, Juckreiz, Quaddeln und Rötung hervorruft.

Sammelzeit Zu Heilzwecken werden heute vor allem die Blätter bzw. die oberen Sprossteile (Kraut) sowie die Wurzeln verwendet. Zwischen Mai und August werden die Blätter gesammelt, die Wurzeln werden im Frühjahr oder Herbst ausgegraben. Zum Schutz vor Hautreizungen trägt man während des Pflückens bzw. Grabens zweckmäßigerweise Handschuhe.
Inhaltsstoffe Caffeoyl-Chinasäuren (z. B. Caffeoyläpfelsäure), Mineralsalze (besonders Kalzium- und Kaliumsalze), Flavonoide, Kieselsäure, Vitamin C sowie biogene Amine, wie etwa Histamin und Serotonin
Heilwirkungen Die Caffeoyl-Chinasäuren haben eine schmerzlindernde, zusammenziehende (adstringierende) und entzündungshemmende Wirkung, die sich die Medizin vor allem zur Linderung von Arthroseschmerzen zunutze macht. Die harntreibende Wirkung der Brennnesselblätter beruht in erster Linie auf den Kaliumsalzen. Speziell die Wurzel gilt als wichtiges Mittel zur Linderung von Prostatabeschwerden, da sie die Prostata entstaut, wodurch das Wasserlassen erleichtert wird. Daneben setzt die Volksmedizin die Brennnessel zur Anregung des Milchflusses bei stillenden Müttern, bei Haarausfall, Hautausschlägen, Allergien, Erkältungen, Osteoporose und Wechseljahrbeschwerden sowie bei Erschöpfung und Blutarmut ein. Die Heilpflanze ist in Form von Kapseln, Dragées, Presssäften oder Tees erhältlich.

ANWENDUNG

Brennnesselkraut bzw. -blätter werden innerlich vor allem zur Durchspülungstherapie bei Entzündungen der ableitenden Harnwege und vorbeugend bei Nierengrieß sowie zur unterstützenden Therapie rheumatischer Beschwerden eingesetzt.

☆ Teezubereitung aus den Blättern: Übergießen Sie 2 Teelöffel Brennnesselblätter mit ¼ Liter kochendem Wasser, und seihen Sie den Aufguss nach 10 Minuten ab. Trinken Sie bei akuten Beschwerden täglich bis zu 4 Tassen Brennnesseltee.

☆ Zur Entschlackung und Anregung des Stoffwechsels kann man 3-mal täglich 1 Tasse Brennnesseltee auch kurmäßig über einen Zeitraum von 6 Wochen trinken.

☆ Bei Prostatabeschwerden trinken Sie täglich 2 Tassen Brennnesselwurzeltee.

☆ Teezubereitung aus der Wurzel: Übergießen Sie 1 Teelöffel Brennnesselwurzel mit 1/4 Liter kaltem Wasser, lassen Sie den Aufguss aufkochen, und seihen Sie ihn nach 10 Minuten ab.

☆ Gegen Blasenschwäche, Harnwegsentzündungen, bei Erschöpfungszuständen oder zur Entwässerung nehmen Sie täglich je 25 Tropfen Tinktur in einem Glas Wasser verdünnt ein.

☆ Tinkturzubereitung: Lassen Sie 20 Gramm getrocknetes Kraut und 1/4 Liter hochprozentigen Alkohol in einer dunklen Flasche 10 bis 14 Tage lang ziehen. Seihen Sie die Tinktur ab, füllen Sie diese wiederum in eine dunkle Flasche und bewahren Sie sie an einem kühlen, dunklen Ort auf.

☆ Bei Schuppen oder glanzlosen spröden Haaren empfiehlt es sich, täglich die Brennnesseltinktur in die Kopfhaut einzumassieren.

DAS SOLLTEN SIE BEACHTEN

Bei eingeschränkter Herz- und Nierentätigkeit sollte eine Durchspülungstherapie nur nach ärztlicher Rücksprache erfolgen.

→ Brennnesselblätter können auch Suppen und Salaten einen zusätzlichen Vitamin-C-Kick verleihen. Kurz blanchiert verlieren Sie ihr »Nesselgift«.

→ Bei Überdosierung kann es zu Magenunverträglichkeiten bis hin zu Erbrechen kommen.

→ Wenn Sie trotz aller Vorsicht mit den Blättern in Berührung gekommen sind: Ein Pflanzensaft aus Ampfer, Springkraut und Spitzwegerich, der großzügig auf die betroffenen Hautstellen aufgetragen wird, lindert rasch die Beschwerden.

Efeu *(Hedera helix)*

Epig, Ewigheu

Im Altertum wurden dem Efeu magische Fähigkeiten zugesprochen. Hippokrates behandelte viele Erkrankungen mit seinen Wurzeln, Blättern und Früchten. Heute sind die Efeublätter ein wertvoller Bestandteil von Arzneimitteln (z. B. Hustensaft, Zäpfchen) gegen akute und chronische Bronchialerkrankungen.

Botanische Beschreibung Der Efeu gehört zur Familie der Araliengewächse *(Araliaceae)* und kommt in ganz Westeuropa vor. Als immergrüner Kletterstrauch kann er mit seinen Haftwurzeln Höhen bis zu 20 Meter erklimmen, in lichten Wäldern kommt er auch als Bodenpflanze vor. Die dunkelgrünen, gestielten Blätter sind ledrig und haben drei bis fünf Ecken.

Inhaltsstoffe Hederasaponine, Glykoside, Flavonoide, Jod

Heilwirkungen Zu Heilzwecken werden die Blätter von nicht blühenden Sprossen verwendet. Dank des hohen Gehalts an Hederasaponinen wirken Efeublätter krampflösend, auswurffördernd, entzündungshemmend und antibiotisch. Sie verflüssigen zähen Schleim, lösen Krämpfe und erleichtern das Abhusten.

ANWENDUNG

Teezubereitungen aus Efeublättern werden in der Volksmedizin zur Behandlung von Husten, mitunter auch Rheuma eingesetzt. Da Efeu leicht giftig ist, ist die Verwendung von standardisierten Fertigarzneien insbesondere für Kinder empfehlenswerter.

- ☆ Teezubereitung: Übergießen Sie 1 gehäuften Teelöffel Efeublätter mit 1/4 Liter kochendem Wasser, und seihen Sie den Aufguss nach 10 Minuten ab.

Eibisch *(Althaea officinalis)*

Heilwurz, Heimischwurzel, Weiße Malve, Weißwurzel

Der Eibisch fand schon in der Antike Verwendung. Im Mittelalter war er unter den Namen *Bismalva* und *Mismalva* in den meisten Klostergärten vertreten. Man verordnete ihn bei Fieber, Husten, Katarrhen und Verschleimungen der Atemwege. In der Volksmedizin wurde allerdings nicht nur mit den Wurzeln und Blättern, sondern häufig auch mit den Blüten gearbeitet. Die Anwendungen von Eibisch in der Medizin sind bis heute die gleichen geblieben: innerlich bei Entzündungen im Magen-Darm-Bereich, äußerlich auf der Haut und an den Schleimhäuten im Mund- und Rachenraum. Von seinem Wirkungsspektrum her kann der Eibisch mit Isländisch Moos verglichen werden.

Botanische Beschreibung Der Eibisch ist in Südosteuropa und an den Küsten Westeuropas verbreitet. Bei uns findet man ihn am häufigsten an der Ostseeküste oder auf feuchtem, salzhaltigem Boden. Der für Heilzwecke verwendete Eibisch stammt in der Regel aus Kulturen, da er unter Naturschutz steht. Die mehrjährige Pflanze aus der Familie der Malvengewächse wird bis zu 1,20 Meter hoch. Ihre Stängel sind filzig behaart. Die Blätter sind 3- bis 5-lappig, am Rand unregelmäßig gezähnt und tragen ebenfalls eine weißfilzige Behaarung. In ihren Achseln sitzen weiße, rötliche oder rotviolette Blüten in lockeren Trauben.

Inhaltsstoffe Ätherisches Öl, Gerbstoffe, Pektine, Schleimstoffe, Stärke

Heilwirkungen Zu Heilzwecken wird vor allem die Wurzel verwendet, aber auch die Blüten und Blätter sind wirksam. Durch den durchgehend hohen Gehalt an Schleimstoffen wirkt Eibisch entzündungshemmend und reizlindernd. Er hilft bei Reizhusten, Bronchialkatarrh und Entzündungen im Mund-Rachen-Raum, aber auch bei Magen- und Darmerkrankungen. Äußerlich wird er bei schlecht heilenden Wunden und bei entzündlichen Hauterkrankungen eingesetzt.

ANWENDUNG

Eibischtee lindert quälenden Hustenreiz und erleichtert das morgendliche Abhusten. Auch bei Magenschmerzen, Durchfällen und Darmbeschwerden kann er hilfreich sein.

☆ Teezubereitung aus Eibischwurzeln: Übergießen Sie 2 Teelöffel Eibischwurzeln mit ¼ Liter kaltem Wasser. Lassen Sie das Ganze unter gelegentlichem Umrühren 1 bis 2 Stunden stehen, und seihen Sie es anschließend durch Mull ab. Wichtig ist, dass Sie den Aufguss vorsichtig auf Trinktemperatur erwärmen, damit die enthaltene Stärke nicht verkleistert. Trinken Sie den Tee langsam in kleinen Schlucken.

☆ Teezubereitung aus Eibischblättern: Übergießen Sie 2 Teelöffel Eibischblätter mit ¼ Liter kochendem Wasser. Lassen Sie den Aufguss 10 Minuten ziehen, und seihen Sie ihn dann ab. Bei Magen- und Darmbeschwerden sollten Sie den Tee ungesüßt, bei Husten mit etwas Honig gesüßt trinken.

☆ Bei Entzündungen im Mund- und Rachenraum oder bei Zahnfleischentzündungen können Sie den lauwarmen Tee auch zum Spülen oder Gurgeln verwenden.

☆ Bei schlecht heilenden Wunden oder entzündlichen Hauterkrankungen helfen Umschläge mit Eibischtee. Tränken Sie hierfür ein Lein- oder Baumwolltuch mit Tee, und legen Sie es auf die betroffene Hautregion.

☆ Bei Insektenstichen oder Furunkeln werden in der Volksmedizin frische Eibischblätter mit wenig Wasser zu einem Brei verkocht und dieser dann auf die betroffene Stelle aufgetragen.

Erdrauch *(Fumaria officinalis)*

Gemeiner Erdrauch, Feldraute, Krätzekraut, Erdgalle, Brutkraut, Taubenkerbel

Schon zu Beginn unserer Zeitrechnung wurde der Erdrauch zur Linderung von krampfartigen Gallenblasen- oder Magen-Darm-Beschwerden sowie als gutes Mittel zur Blutreinigung eingesetzt. Spuren weisen noch bedeutend länger in die Menschheitsgeschichte zurück. Im Mittelalter geriet die Heilpflanze erst einmal in Vergessenheit, doch etwa im 18. Jahrhundert wurde sie von der Volksmedizin wieder entdeckt, die sie fortan neben den oben beschriebenen Anwendungen auch zur Behandlung von Hautproblemen nutzte. Derzeit wird untersucht, ob der Erdrauch auch bei Schuppenflechte medizinisch wirksam ist. Inzwischen haben klinische Untersuchungen den positiven Einfluss der Heilpflanze auf Gallenblase und Gallenwege sowie auf die Gallensaftproduktion bestätigt. Erdrauch ist auch als standardisierte Fertigarznei (Tabletten, Dragées, Flüssigpräparate) erhältlich.

Botanische Beschreibung Der Erdrauch gehört zu den Mohngewächsen *(Papaveraceae)* und wächst hierzulande an Wegrändern, in Gärten, auf Äckern und Schutthalden. Die einjährige, ein- oder mehrstängelige Pflanze kann bis zu 30 Zentimeter hoch werden. Der hohle blaugrün bereifte Stängel ist aufrecht, jedoch schwach und fast klimmend. Die zarten, gestielten Laubblätter sind wechselständig angeordnet, doppelt gefiedert und haben einen zwei bis drei Millimeter breiten Zipfel. Die purpurroten, an der Spitze dunkelroten bis schwarzen Blüten sind in mehreren blattachselständigen Trauben angeordnet, die den Blättern jeweils gegenüberstehen.

Sammelzeit Zu Heilzwecken wird das Kraut verwendet, das von Mai bis August gesammelt und dann an einem schattigen Ort getrocknet wird.
Inhaltsstoffe Protopin und andere Alkaloide, Aminosäuren, Bitterstoffe, Flavonoide
Heilwirkungen Erdrauch wirkt in erster Linie krampflösend, blutreinigend und gallenflussregulierend. Diese Eigenschaften werden vor allem zur Behandlung chronischer Gallenbeschwerden genutzt. Außerdem hat er einen leicht harntreibenden Effekt und wirkt »stuhlverdünnend«. Dass Erdrauch auch einen positiven Effekt auf Hautleiden hat, schlägt sich nicht zuletzt in einem seiner Volksnamen (»Grindkraut«) nieder. Die hautberuhigende Wirkung führt man auf die enthaltenen Fumarsäureester zurück.

ANWENDUNG

Die innerliche Anwendung von Erdrauchkrauttee hilft bei chronischen Gallenbeschwerden, bei Harnverhaltung sowie bei Verstopfung und anderen, vor allem krampfartigen Verdauungsstörungen. Sie sollten jedoch nicht mehr als täglich 1 Tasse Erdrauchtee, am besten 30 Minuten vor den Mahlzeiten, trinken.

- ☆ Wenn Sie eine mehrwöchige Teekur mit dem Heilkraut durchführen wollen, beachten Sie, dass Erdrauch in den ersten beiden Wochen belebend, danach eher beruhigend und schlaffördernd wirkt.
- ☆ Teezubereitung: Übergießen Sie 1 gehäuften Teelöffel Erdrauchkraut mit ¼ Liter kaltem Wasser und bringen Sie den Aufguss zum Kochen. Seihen Sie ihn nach 10 Minuten ab.

DAS SOLLTEN SIE BEACHTEN

Bei einer Überdosierung können Bauchschmerzen auftreten. Um diese unangenehme Begleiterscheinung zu vermeiden, sollten Sie eine Tagesdosis von maximal 6 Gramm nicht überschreiten.

Fenchel *(Foeniculum vulgare)*

Brotanis, Brotsamen, Kammfenchel, Kinderfenchel

Fenchel war schon im Mittelalter ein beliebtes Hustenmittel sowie eine bewährte Arznei gegen Blähungen und Magenprobleme. Sebastian Kneipp entdeckte den Fenchel im 19. Jahrhundert neu und lobte ihn für seine gute Wirkung bei Husten und Lungenleiden. Heute ist Fenchelhonig in vielen Hustensäften und -bonbons enthalten; Fenchelsamen ist ein wichtiger und wissenschaftlich anerkannter Bestandteil von Husten- und Magentees.

Botanische Beschreibung Der Fenchel gehört zur Familie der Doldenblütler und wird 1 bis 2 Meter hoch. Die ausdauernde, krautige Pflanze ist in Süd- und Südwesteuropa beheimatet. In Mitteleuropa wird sie hauptsächlich in Kulturen angebaut. An warmen Standorten findet man Fenchel außerdem in Gärten und gelegentlich verwildert. Die stark verästelten Stängel und 3- bis 4-fach gefiederten Blätter ähneln dem Dillkraut. Als schmackhaftes Gemüse und gesunde Salatzutat werden die dicken, fleischigen Blattansätze verwendet. Die gelben Blüten sind in großen Doppeldolden mit ungleich langen Strahlen angeordnet. Die Früchte zerfallen in reifem Zustand in gerippte, leicht gekrümmte Teilfrüchte. Die ganze Pflanze riecht angenehm.

Sammelzeit Zu Heilzwecken verwendet man die reifen Früchte. Da sie erst nach und nach reifen, muss man die Kulturen immer wieder durchstreifen (= kämmen), um die reifen Dolden herauszuschneiden. Dabei gewinnt man den so genannten Kammfenchel, der für arzneiliche Zwecke am besten geeignet ist.

Inhaltsstoffe Ätherische Öle, fettes Öl, Flavonoide

Heilwirkungen Die enthaltenen ätherischen Öle wirken krampflösend, sekretionsfördernd und antibakteriell. Fenchel wird daher vor allem bei Blähungen und bei krampfartigen Beschwerden im Oberbauch eingesetzt. Auch bei Husten, Erkältungen und grippalen Infekten kann er hilfreich sein. Die Volksmedizin verwendet ihn zudem bei Menstruationsbeschwerden und zur Förderung des Milchflusses.

ANWENDUNG

Weil Fencheltee gut verträglich ist und einen angenehmen Geschmack hat, ist er besonders für Säuglinge und Kleinkinder zu empfehlen. Bei akuten Beschwerden trinkt man täglich 3 bis 5 Tassen Fencheltee: bei Husten heiß und mit Honig gesüßt, bei Magen- und Darmbeschwerden pur und lauwarm.

- ☆ Teezubereitung: 1 Teelöffel Fenchelsamen im Mörser zerdrücken und mit ¼ Liter kochendem Wasser übergießen. Lassen Sie den Aufguss zugedeckt etwa 10 Minuten ziehen, und seihen Sie ihn dann ab.
- ☆ Fenchelsamen entfaltet auch als Gewürz seine Heilkraft. Er kann auf ähnliche Weise wie Kümmel verwendet werden.
- ☆ Inhalationen mit Fenchel sind gut für die Bronchien. Dafür 4 Esslöffel Fenchelsamen mit 4 Liter kochendem Wasser übergießen, etwa 10 Minuten ziehen lassen. Die heißen Dämpfe mindestens 8, höchstens 15 Minuten lang einatmen.
- ☆ Abgekühlter Fencheltee kann bei leichten Bindehautentzündungen auch für Augenspülungen verwendet werden, wenn man ihn zu gleichen Teilen mit abgekochtem Wasser mischt.

DAS SOLLTEN SIE BEACHTEN

Fenchelfrüchte sollten nicht in der freien Natur gesammelt werden, weil die Verwechslungsgefahr mit anderen giftigen Doldenblütlern hoch ist.

Frauenmantel *(Alchemilla vulgaris)*

Frauenhilf, Frauenrock, Perlkraut, Taukraut

Der Name der Heilpflanze leitet sich aus der traditionellen Verwendung bei Frauenleiden ab. Man setzte sie ein, um die Fruchtbarkeit zu fördern, Fehlgeburten zu verhindern und den Blutverlust nach der Geburt gering zu halten. Wegen seiner entzündungshemmenden und krampflösenden Wirkung wurde der Frauenmantel auch bei Magen- und Darmerkrankungen, bei Hautunreinheiten und bei der Wundbehandlung verwendet. Obwohl moderne Untersuchungen fehlen, steht er in der Volksmedizin für all diese Anwendungsgebiete nach wie vor hoch im Kurs.

Botanische Beschreibung Die ausdauernde Staude, die zur Familie der Rosengewächse gehört, entwickelt Blühtriebe, die bis zu 50 Zentimeter lang werden. Sie entspringen einer grundständigen Blattrosette und sind manchmal kahl, manchmal zottig behaart. Die 9- bis 11-lappigen Blätter sind rundlich nierenförmig, gefaltet und am Rand unregelmäßig spitz gezähnt. Die winzigkleinen gelblich-grünen Blüten sind zu endständigen Rispen angeordnet. Der Frauenmantel ist in Mittel- und Westeuropa verbreitet. Bei uns findet man ihn häufig in Gebüschen und Wäldern, aber auch auf Heideflächen und Wiesen.

Sammelzeit Zu Heilzwecken verwendet man die oberirdischen Pflanzenteile. Die jungen Blätter werden zwischen Frühjahr und Juli bei schönem Wetter gesammelt und anschließend an einem luftigen Ort im Schatten getrocknet.

Inhaltsstoffe Ätherisches Öl, Bitterstoffe, Flavonoide, Gerbstoffe, Salicylsäure in Spuren

Heilwirkungen Frauenmantel wirkt zusammenziehend (adstringierend), entzündungshemmend und antibakteriell. Neben Scheidenausfluss, Menstruations- und Wechseljahrbeschwerden sind Durchfallerkrankungen sowie Magen- und Darmstörungen die wichtigsten Anwendungsgebiete.

ANWENDUNG

Frauenmanteltee lindert Unterleibskrämpfe bei Magen- und Darmerkrankungen oder während der Menstruation. Er hilft auch bei Wechseljahrbeschwerden. In der Volksmedizin wird er bei Hautunreinheiten (vor allem von Mädchen in der Pubertät) und -entzündungen eingesetzt. Es wird empfohlen, täglich 1 bis 3 Tassen Frauenmanteltee zu trinken.

- ☆ Teezubereitung: Übergießen Sie 1 Esslöffel Frauenmantelkraut mit ¼ Liter Wasser und bringen Sie den Aufguss zum Sieden. Lassen Sie ihn 10 bis 15 Minuten ziehen und seihen Sie ihn anschließend ab.
- ☆ Bei Hautunreinheiten hat sich auch eine Teemischung aus Frauenmantel- und Stiefmütterchenkraut zu gleichen Teilen bewährt (Zubereitung wie oben).
- ☆ Abgekühlter Frauenmanteltee kann auch für Umschläge bei Hauterkrankungen und -entzündungen verwendet werden.
- ☆ Bei Scheidenausfluss helfen Spülungen. Dazu 30 Gramm Kamillenblüten, 20 Gramm Frauenmantelkraut, 20 Gramm Schafgarbe, 10 Gramm weiße Taubnessel und 20 Gramm Walnussbaumblätter mischen. 1 bis 2 Teelöffel der Mischung mit kochendem Wasser überbrühen, den Aufguss 10 Minuten ziehen lassen. 1 Woche 1–2 Scheidenspülungen durchführen.

DAS SOLLTEN SIE BEACHTEN

Frauenmantel enthält Tannine, die bei längerer Anwendung oder bei Überdosierung schädigend auf die Leber wirken können.

Gänsefingerkraut *(Potentilla anserina)*

Gänsewiß, Grensel, Silberkraut, Säukraut, Krampfkraut

Lange Zeit fristete das Gänsefingerkraut unter den Heilpflanzen ein Schattendasein. Erst die Kräuterbücher des ausgehenden Mittelalters erwähnten es als hilfreich bei Durchfall und Blutungen sowie bei Mundschleimhaut- und Zahnfleischentzündungen. Äußerlich wurde es in Form von Umschlägen bei Hautausschlägen und Gliederschmerzen eingesetzt. Inzwischen ist die innerliche Anwendung von Gänsefingerkraut als unterstützende Behandlung bei Durchfallerkrankungen, die mit krampfartigen Schmerzen einhergehen sowie bei Menstruationsbeschwerden wissenschaftlich anerkannt. Die Volksmedizin setzt das »Krampfkraut« generell auch bei krampfartigen Beschwerden der glatten Muskulatur ein. Trockenextrakt aus Gänsefingerkraut ist in standardisierten Fertigarzneien (z. B. Dragées, Teemischung) erhältlich.

Botanische Beschreibung Die nur etwa 15 Zentimeter hohe kriechende Pflanze gehört zur Familie der Rosengewächse und ist weit verbreitet, wobei man die vom Gänsefingerkraut gebildeten Teppiche hierzulande vor allem auf nährstoffreichen Wiesen (Gänseweiden) oder an Wegrändern findet. Aus einem ausdauernden Wurzelstock treiben unterbrochen gefiederte Blätter, die unterseits silbrig behaart sind. Aus den Achseln der Blätter entspringen Ausläufer, die an den Knoten eine Blattrosette tragen und Wurzeln treiben. Hier wachsen auch die leuchtend gelben Blüten. Die bis zu 20 Zentimeter langen, gestielten Grundblätter sind 7- bis 21-zählig und unterbrochen gefiedert. Die am Rand tief eingeschnitten gesägten Fiederblättchen sind oberseits spärlich behaart und unterseits seidenhaarig.

Sammelzeit Zu Heilzwecken werden die Blätter während der Blütezeit zwischen Mai und August gesammelt und getrocknet.

Inhaltsstoffe Gerbstoffe, Bitterstoffe, Schleimstoffe, Flavonoide, Cholin

Heilwirkungen Gänsefingerkraut wirkt vor allem zusammenziehend (adstringierend) und hat zudem eine schmerzstillende sowie »stopfende« Wirkung. Hauptanwendungsgebiete der Heilpflanze sind unspezifische Durchfallerkrankungen und alle Bauch- und Unterleibsschmerzen, die mit Krämpfen einhergehen. In diesem Zusammenhang gilt es auch als wirksam bei Waden- und Muskelkrämpfen. Die Volksmedizin empfahl, gegen Zahnfleischentzündungen die Wurzel der Pflanze zu kauen.

ANWENDUNG

Bei Durchfallerkrankungen sowie bei krampfartigen Menstruationsbeschwerden sollten Sie täglich 2 bis 3 Tassen möglichst heißen Gänsefingerkrauttee schluckweise trinken, bis die akuten Beschwerden abgeklungen sind.

☆ Der lauwarme Tee eignet sich auch zum Gurgeln oder Spülen bei Mund- und Rachenentzündungen.

☆ Teezubereitung: Übergießen Sie 2 Teelöffel Gänsefingerkraut mit ¼ Liter kochendem Wasser, und seihen Sie den Aufguss nach 10 Minuten ab.

DAS SOLLTEN SIE BEACHTEN

Die Tagesdosis von 4 bis 6 Gramm sollte keinesfalls überschritten werden.

→ Leiden Sie unter einem Reizmagen, können sich die Beschwerden durch die innerliche Anwendung von Gänsefingerkraut auch verstärken.

Gelber Enzian *(Gentiana lutea)*

Bitterwurzel, Sauerwurz, Bergfieberwurzel, Gelbsuchtwurz

Die Enzianwurzel gehört seit dem Altertum zu den am meisten genutzten Bittermitteln. Ihre heilkräftige Wirkung bei Verdauungsstörungen, Gallenblasen- und Lebererkrankungen ist wissenschaftlich anerkannt. Enzian ist nicht nur Bestandteil vieler Verdauungsschnäpse, sondern in Form von verschiedenen standardisierten Fertigzubereitungen erhältlich.

Botanische Beschreibung Der Gelbe Enzian gehört zur Familie der Enziangewächse und wächst hierzulande vorwiegend auf Alpenwiesen. Er ist streng geschützt.

Inhaltsstoffe Bitterstoffe (Amarogentin und Gentiopicrin), Farbstoffe, Zucker, Gerbstoffe

Heilwirkungen Zu Heilzwecken wird der lange, dicke Wurzelstock verwendet. Dank des hohen Gehalts an Amarogentin, dem bittersten aller bisher bekannten Naturstoffe, zeichnet sich der Gelbe Enzian als ein stark wirksames Bittermittel mit belebender, verdauungsfördernder, appetitanregender und entblähender Wirkung aus. Er hilft insbesondere bei Verdauungsstörungen, die auf eine verminderte Magensaftsekretion zurückzuführen sind.

ANWENDUNG

Empfohlen wird, täglich 1 Tasse 2- bis 3-mal jeweils vor den Mahlzeiten lauwarm und in kleinen Schlucken zu trinken.

☆ Teezubereitung: Übergießen Sie 1 Teelöffel zerkleinerte Enzianwurzel mit ¼ Liter kaltem Wasser. Erhitzen Sie den Aufguss langsam und lassen Sie ihn 5 Minuten köcheln. Seihen Sie ihn dann ab, und lassen Sie ihn vor dem Trinken etwas abkühlen.

Goldrute *(Solidago virgaurea)*

Himmelsbrand, Goldene Jungfrau, Waldkraut, Wundkraut

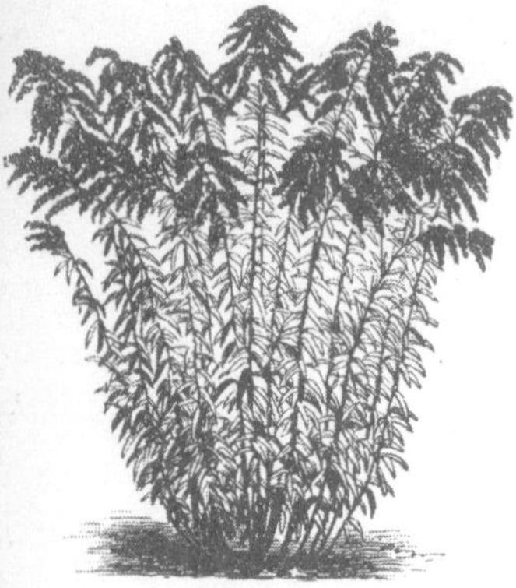

Erst im 19. Jahrhundert machte der deutsche Arzt Rademacher die Heilkraft der Goldrute bekannt. Heute zählt sie neben Bärentrauben- und Birkenblättern zu den wichtigsten wissenschaftlich anerkannten Blasen- und Nierenmitteln. Goldrutenextrakte sind als standardisierte Fertigarzneien (z. B. Dragées, Teemischungen) erhältlich.

Botanische Beschreibung Die Goldrute gehört zur Familie der Korbblütengewächse *(Compositae)*. Man findet die im Spätsommer blühende, bis zu 1 Meter hohe Staude vor allem auf trockenen Wiesen, auf Hügeln und an Waldrändern.

Inhaltsstoffe Ätherische Öle, Bitterstoffe, Flavonoide, Gerbstoffe, Saponine

Heilwirkungen Zu Arzneizwecken wird das ganze Kraut zu Beginn der Blüte in den ersten Augustwochen geerntet. Die Goldrute zeichnet sich in erster Linie durch eine harntreibende, entzündungshemmende Wirkung bei bakteriellen Blasen- und Niereninfektionen aus. Die Volksmedizin setzt sie zur Blutreinigung, zur Behandlung von Rheuma und Gicht, aber auch bei Hautunreinheiten und bei Leberleiden ein.

ANWENDUNG

Zur Desinfektion bzw. Durchspülungstherapie bei akuten Blasen- und Niereninfekten oder zur Ausschwemmung von Harnsteinen bzw. Nierengrieß hat sich Goldrutentee bewährt.

☆ Teezubereitung: Übergießen Sie 2 Teelöffel Goldrutenkraut mit ¼ Liter kochendem Wasser, und seihen Sie den Aufguss nach 10 Minuten ab. Empfohlen werden 3 Tassen täglich.

Hagebutte *(Rosa canina)*

Hainrose, Heckenrose, Heinzerlein, Hundsrose

Aus den Früchten der Heckenrose wurde schon in der Steinzeit ein vitaminreiches Mus zubereitet – das lassen zumindest archäologische Funde vermuten. Noch in jüngster Vergangenheit dienten Hagebutten in Notzeiten als wertvolle Nahrungsergänzung. In der Volksmedizin gebraucht man die Hagebutte von jeher als Tee gegen Husten und Erkältungskrankheiten sowie gegen Blasen- und Nierenerkrankungen. Ein Aufguss aus den Kernen wird gegen rheumatische Beschwerden und Gicht genutzt. Wegen ihres hohen Vitamin-C-Gehalts wird die Hagebutte heute vor allem zur Stärkung der Abwehrkräfte in Erkältungszeiten eingesetzt. Diese Anwendung ist wissenschaftlich anerkannt.

Botanische Beschreibung Die Heckenrose ist in ganz Europa verbreitet. Besonders häufig findet man sie an Wald- und Wegrändern, in Feldgehölzen und an sonnigen Hängen, in Gebüschen und Hecken. Der Heckenrosenstrauch zählt zu den Rosengewächsen und kann bis zu 3 Meter hoch werden. Im Juni treiben weiße bis rosafarbene Blüten aus, die schwach duften. Aus den fleischigen Blütenachsen entwickeln sich im Herbst rote, eiförmige Früchte. Botanisch gesehen zählen sie, wie die Erdbeere oder die Himbeere, zu den Scheinfrüchten. Ihr Inneres enthält die fälschlich als Samen bezeichneten Kerne oder Nüsschen. Sie sind in silbrige Borstenhaare eingebettet, die man als »Juckpulver« kennt.

Sammelzeit Die Erntezeit für Hagebutten beginnt Ende August und reicht bis in den November. Früchten, die beim ersten Reif geerntet wurden, schrieb man eine besondere Heilkraft zu.

Inhaltsstoffe Karotinoide, Flavonoide, Fruchtsäuren, Gerbstoffe, Pektine, Vitamin C

Heilwirkungen Die Hagebutte bietet unserem Organismus Vitamin C in einer Form, die er besonders gut aufnehmen und verwerten kann. 100 Gramm der roten Früchte enthalten die gleiche Menge an Vitamin C wie 1 Kilogramm Zitronen! Neben diesem Energieschub fürs Immunsystem wirkt die Hagebutte harntreibend und mild abführend.

ANWENDUNG

Zur Linderung akuter Magen-Darm-Beschwerden, zur Vorbeugung von grippalen Infekten und bei Erkältungen trinken Sie täglich drei bis vier Tassen Hagebuttentee.

- ☆ Teezubereitung: Übergießen Sie 2 gehäufte Teelöffel zerkleinerte Hagebutten mit ¼ Liter kochendem Wasser, und lassen Sie den Sud vor dem Abseihen 10 Minuten zugedeckt ziehen.
- ☆ Hagebuttenmark: Die frischen Früchte von Stielen und Blütenresten befreien, entkernen und klein hacken. Über Nacht in Wasser einweichen. Mit dem Einweichwasser 30 Minuten lang kochen. Durch ein Sieb passieren und nach Bedarf mit Honig süßen. Das vitaminreiche Hagebuttenmark kann teelöffelweise pur verzehrt werden, eignet sich aber auch als Brotaufstrich oder zur Verfeinerung von Suppen und Saucen.
- ☆ Hagebuttenwein: Lassen Sie 100 Gramm getrocknete Hagebutten etwa 14 Tag lang in 1 Liter Rotwein ziehen. Seihen Sie den Wein ab, und trinken Sie täglich ein kleines Glas davon.

DAS SOLLTEN SIE BEACHTEN

Weil Hagebutten extrem kalorienarm sind, können sie auch von Diabetikern bedenkenlos verzehrt werden – allerdings bitte nie roh. Die Früchte werden entweder getrocknet oder frisch zu Mark, Konfitüre und Getränken verarbeitet.

Hauhechel *(Ononis spinosa)*

Hasenöhrle, Ochsenbrech, Stachelkraut, Weiberkrieg

Antike Ärzte setzten die Heilpflanze vorbeugend gegen Blasen- und Nierensteine ein. In deutschen Kräuterbüchern wird sie seit dem 16. Jahrhundert erwähnt. Man findet hier die gleichen Heilanzeigen, darüber hinaus aber auch Rezepturen gegen Hautausschläge und Ekzeme, rheumatische Erkrankungen und Gicht.

Botanische Beschreibung Das Verbreitungsgebiet der Hauhechel umfasst hauptsächlich Mitteleuropa. Die Pflanze liebt trockene, sonnige Standorte und kalkhaltige, steinige Böden. Die Hauhechel gehört zu den Schmetterlingsblütlern. Ihre kräftige lange Pfahlwurzel und die dornigen Stängel erschweren ein Ausreißen der Pflanze und brachten ihr den Beinamen »Weiberkrieg« ein.

Inhaltsstoffe Ätherische Öle, Flavonoide, Gerbstoffe, Ononcol, Saponine, Sitosterol

Heilwirkungen Die harntreibende Wirkung der Hauhechelwurzel wurde von der Forschung neuerdings bestätigt. Sie hängt allerdings von ihrem Gehalt an Saponinen und einer schonenden Zubereitung des Wurzelsuds ab.

INNERLICHE ANWENDUNG

Zur Durchspülung der Harnwege, bei Gicht oder Gelenkerkrankungen empfiehlt es sich, täglich 1 bis 2 Tassen Hauhecheltee zu trinken. Als Kur jeweils für 3 Tage anwenden.

☆ Teezubereitung: Übergießen Sie 2 Teelöffel getrocknete Hauhechelwurzel mit ¼ Liter heißem, aber noch nicht kochendem Wasser. Lassen Sie den Sud vor dem Abseihen 10 Minuten zugedeckt ziehen.

Heidelbeere *(Vaccinium myrtillus)*

Blaubeere, Schwarzbeere, Taubeere

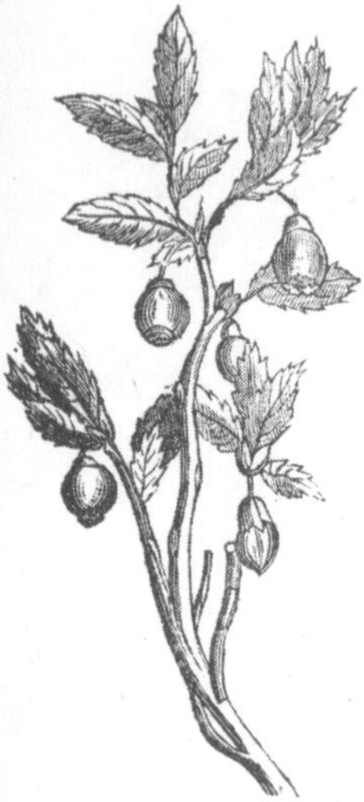

Schon im späten Mittelalter war die Heidelbeere als Heilpflanze bekannt; Heidelbeersirup wurde bei langwierigem Husten und bei Lungenschwäche verabreicht. Aus dem Saft der Beeren stellte man eine intensiv violettrote Substanz zum Einfärben von Textilien her. Für die Bewohner von Waldgegenden war das Sammeln der begehrten Früchte lange eine wichtige Erwerbsquelle. Inzwischen werden Heidelbeeren auch als Kulturpflanzen angebaut, doch die vitaminreichen Wildfrüchte erzielen auf dem Markt noch immer wesentlich höhere Preise.

Botanische Beschreibung Die Heidelbeere gehört zur Familie der Heidekrautgewächse. In Deutschland und im restlichen Europa ist sie weit verbreitet. Sie bevorzugt lichte Laub- und Nadelwälder, Heideflächen und Torfmoore. Am besten gedeiht sie auf saurem, steinig-lehmigem Untergrund. Der stark verzweigte Zwergstrauch der Heidelbeere wird bis zu 50 Zentimeter hoch. Seine scharfkantigen, grünen Stängel stehen meist aufrecht. In den Blattachseln sitzen meist einzeln, seltener zu zweit, die kugeligen bis glockigen Blüten; ihre weiße Krone ist grünlichrot überlaufen. Als Früchte erscheinen im Sommer die blauschwarzen Beeren.

Sammelzeit Die Beeren werden ab Juli gesammelt und getrocknet oder frisch zu Marmelade, Saft oder Wein verarbeitet. Die jungen Blättchen werden im Frühjahr geerntet.

Inhaltsstoffe Flavonoide, Fruchtsäuren, Gerbstoffe, Myrtillin, Pektine, Vitamin C

Heilwirkungen Getrocknete Heidelbeeren haben sich als Durchfallmittel vor allem bei Kleinkindern bewährt. Sie wirken allgemein entzündungshemmend und adstringierend.

ANWENDUNG

Wegen ihres hohen Gerbstoffgehalts helfen getrocknete Heidelbeeren vor allem bei unspezifischen Durchfallerkrankungen, insbesondere bei Kleinkindern, oder bei Reizungen der Magen- und Darmschleimhaut. Sie können pur löffelweise eingenommen und gründlich zerkaut werden.

- ☆ Teezubereitung: Geben Sie 2 bis 3 Teelöffel getrocknete Beeren in ¼ Liter kaltes Wasser. Aufkochen, etwa 10 Minuten ziehen lassen und abseihen. 3- bis 4-mal täglich 1 Tasse trinken.
- ☆ Zur Behandlung von Hämorrhoiden empfiehlt die Volksmedizin eine Heidelbeertee-Kur: Dazu 3 bis 4 Wochen lang täglich 2- bis 3-mal eine Tasse trinken.
- ☆ Abgekühlter Heidelbeertee eignet sich auch für Mundspülungen bei Zahnfleischentzündungen oder als Gurgelmittel bei Entzündungen im Mund- und Rachenraum.
- ☆ Tee aus getrockneten Heidelbeerblättern wird in der Volksmedizin ebenfalls bei Durchfall, aber auch bei Blasenschwäche und bei Ekzemen verwendet. Hierfür trinken Sie 3-mal täglich eine Tasse Heidelbeerblättertee.
- ☆ Teezubereitung aus Blättern: Übergießen Sie 1 Teelöffel getrocknete Heidelbeerblätter mit ¼ Liter kochendem Wasser. Lassen Sie den Aufguss vor dem Abseihen 5 Minuten ziehen.
- ☆ Unverdünnter Tee aus Heidelbeerblättern findet in der Volksmedizin für Spülungen und Waschungen, etwa bei entzündeten Augen, Verwendung. Man tränkt mit dem Sud Umschläge zur Behandlung von Ekzemen oder leichten Brandwunden.

DAS SOLLTEN SIE BEACHTEN

Die Verwendung von Heidelbeerblättertee setzt unbedingt Erfahrung im Umgang mit Heilkräutern voraus: Bei einer zu hohen Dosierung oder bei längerem Gebrauch kann es zu einer Hydrochinon-Vergiftung kommen.

Herzgespann *(Leonurus cardiaca)*

Löwenschwanz, Herzgold, Herzheil, Herzkräutel

Der gesundheitliche Wert des Herzgespanns war schon im antiken Griechenland bekannt. Im Mittelalter gelangte die Heilpflanze nach Mitteleuropa. Dort prägte sie bald das Erscheinungsbild bäuerlicher Dörfer, in deren Umfeld sie auch heute noch anzutreffen ist. Insgesamt bildet das Herzgespann nördlich der Alpen jedoch nur noch kleine Bestände und ist sehr selten geworden. Die moderne Forschung hat der Pflanze bisher nur wenige Untersuchungen gewidmet, weswegen sie hauptsächlich in der Volksmedizin Verwendung findet. Früher setzte man Herzgespann als Mittel gegen Unruhe und Angstzustände, aber auch gegen Würmer, Magendrücken und den Kropf ein. Heute steht seine herzstärkende und beruhigende Wirkung im Vordergrund. Ein weiteres wichtiges Anwendungsgebiet sind Beschwerden, die mit den Wechseljahren einhergehen.

Botanische Beschreibung Das Herzgespann stammt vermutlich aus dem Mittleren Orient oder aus Osteuropa. In Deutschland ist die Pflanze mittlerweile recht selten geworden; manchmal trifft man sie noch an Wegrändern, Zäunen und Hecken, auf Schuttplätzen und trockenen Weiden an. Die ausdauernde Staude aus der Familie der Lippenblütler wird bis zu 1,50 Meter hoch. Aus dem kurzen Wurzelstock sprießen die vierkantigen derben Stängel. Die oberen Stängelblätter sind mit feinen Härchen besetzt und am Rand gesägt. Ihre Oberseite ist dunkelgrün, die Unterseite deutlich heller. Die Blüten bilden einen ährenförmigen Blütenstand, der der Pflanze den Beinamen »Löwenschwanz« gab.

Sammelzeit Geerntet wird das Kraut zur Blütezeit zwischen Juni und September. Dabei sollte man die unteren, stark verholzten Stängelteile abtrennen. Die gebündelt aufgehängten Pflanzen trocknet man anschließend im Schatten.
Inhaltsstoffe Ätherisches Öl, Bitterstoffe, Flavonoide, Gerbstoffe, herzwirksame Glykoside
Heilwirkungen Herzgespann hat eine ausgleichende Wirkung bei beginnendem Bluthochdruck, es lindert nervöse Herzbeschwerden und Herzleiden durch Schilddrüsenüberfunktion. Ähnlich wie der Baldrian dient die Pflanze zur Beruhigung und Nervenstärkung.

ANWENDUNG

Herzgespanntee wird häufig bei Schlafstörungen und Angstzuständen gereicht, die auf Bluthochdruck und nervöse Herzbeschwerden zurückgehen. Er hilft ebenso bei nervösen Störungen des Verdauungstrakts. Weitere Heilanzeigen sind Herzklopfen, Hitzewallungen und andere Wechseljahrbeschwerden.

- ☆ Teezubereitung: Übergießen Sie 2 Teelöffel des getrockneten Krauts mit ¼ Liter kochendem Wasser. 10 Minuten zugedeckt ziehen lassen, danach abseihen. 2-mal täglich eine Tasse davon trinken.
- ☆ Zur allgemeinen Stärkung bei Herz- und Nervenschwäche empfiehlt sich eine Herzgespanntee-Kur. Hierfür trinken Sie am besten 2 bis 3 Wochen lang täglich 1 Tasse Tee.

DAS SOLLTEN SIE BEACHTEN

Bei Überdosierung von Herzgespanntee sind Nebenwirkungen wie Bauchschmerzen und Erbrechen zu befürchten. Schwangeren ist gänzlich von der Einnahme abzuraten. Die Pflanze sollte ohnehin nur in kleinen Mengen gesammelt werden, da sie bei uns inzwischen selten geworden ist.

Himbeere *(Rubus idaeus)*

Hohlbeere, Katzenbeere, Runtzelbeere, Rote Brombeere

Himbeersamen wurden jüngst von Archäologen in steinzeitlichen Behausungen entdeckt – schon damals bildete die aromatische Frucht wohl einen festen Bestandteil des Speiseplans. In der Antike schätzte man die Himbeere nicht nur als wohlschmeckendes Nahrungsmittel, sondern war sich auch bereits ihrer heilkräftigen Wirkung bewusst. Die Volksmedizin verordnet Himbeerblättertee traditionell als Durchfallmittel. Saft aus frischen Himbeeren ist als stärkendes Getränk für Fieberkranke anerkannt. Für die moderne Medizin spielt vor allem der Himbeersirup eine wichtige Rolle. Er versüßt viele »bittere« Arzneien und verleiht im Übrigen so berühmten Getränken wie der »Berliner Weißen« ihr ganz besonderes Aroma. Die delikaten Früchte sind natürlich auch eine beliebte Zutat in Kuchen, Süßspeisen, Säften, Likören, Marmeladen oder einfach pur.

Botanische Beschreibung Die Himbeere ist bei uns nicht nur wild wachsend, sondern häufig auch als Kulturpflanze zu finden. In der freien Natur bevorzugt sie Waldränder, sonnige Waldlichtungen, Hecken, Kahlschläge und Böschungen. Am besten gedeiht sie auf feuchten, nährstoffreichen Böden. Der Himbeerstrauch zählt zu den Rosengewächsen und wird 1 bis 2 Meter hoch. Seine bogig überhängenden, verholzenden Stängel sind mit feinen Stacheln besetzt. Die handförmig zusammengesetzten Blätter sind auf der Unterseite weißfilzig, auf der Oberseite dagegen frischgrün. Die weißen, aus 5 Kronblättern gebildeten Blüten stehen in nickenden Rispen. Im Spätsommer reifen die roten Sammelfrüchte; sie setzen sich aus vielen kleinen Steinfrüchten zusammen, den eigentlichen Beeren.

Sammelzeit Arzneilich verwendet werden die reifen Früchte und die im Frühjahr gesammelten jungen Blätter.
Inhaltsstoffe B-Vitamine, Flavonoide, Fruchtsäuren, Gerbstoffe, Mineralstoffe, Vitamin C
Heilwirkungen Für die Naturheilkunde sind vor allem die Blätter von Bedeutung, die zusammenziehend (adstringierend) und krampflösend wirken. Sie werden bei Durchfall und bei Entzündungen des Mund- und Rachenraums eingesetzt, außerdem bei Menstruationsbeschwerden und bei der Geburtsvorbereitung.

ANWENDUNG

Nicht nur bei Durchfall, sondern auch bei anderen Störungen des Verdauungsapparats ist Himbeerblättertee ein bewährtes Hausmittel. Außerdem wird er als Blutreinigungstee empfohlen. Vermischt mit Brombeer- und Erdbeerblättern ist er eine schmackhafte und gut bekömmliche Alternative zu schwarzem Tee.

- ☆ Teezubereitung aus Himbeerblättern: Übergießen Sie 2 Teelöffel getrocknete, fein geschnittene Himbeerblätter mit ¼ Liter kochendem Wasser und lassen Sie den Sud 5 Minuten zugedeckt ziehen. Seihen Sie ab und trinken Sie täglich 2 bis 3 Tassen.
- ☆ Abgekühlter Himbeerblättertee kann unverdünnt zum Gurgeln bei Halsschmerzen, Heiserkeit oder bei Entzündungen der Mundschleimhaut verwendet werden. Ein damit getränkter Umschlag wird zur Behandlung chronischer Hauterkrankungen eingesetzt.
- ☆ Saft aus frischen Himbeeren ist sehr vitaminreich und damit abwehrstärkend. Er eignet sich gut als gesunder Durstlöscher.

DAS SOLLTEN SIE BEACHTEN

Himbeeren erntet man am besten erst dann, wenn sie voll ausgereift sind. Sie sollten umgehend verarbeitet werden.

Hirtentäschel *(Capsella bursa-pastoris)*

Bauernsenf, Schneiderbeutel, Taschenkraut

Die blutstillenden Eigenschaften des Hirtentäschels fanden schon in der Antike bei Dioskorides Erwähnung. Im Mittelalter verwendete man die Pflanze vor allem, um den Blutverlust bei Geburten zu minimieren. Wenn kleine Kinder zahnten, füllte man ein Amulett mit den Samenkapseln und legte es ihnen um den Hals. Die Volksmedizin setzte Hirtentäschel bei allen Arten von Blutungen ein. Auch bei der Behandlung von Leber- und Gallebeschwerden hatte es einen festen Platz. Jüngere Untersuchungen haben die gefäßverengende und gerinnungsfördernde Wirkung des Hirtentäschels bestätigt.

Botanische Beschreibung Das Hirtentäschel stammt aus dem Mittelmeerraum; heute findet man es in ganz Europa. Als kulturbegleitendes Unkraut wächst es an Wegrändern, auf Äckern, an Böschungen und Mauern. Das ein- bis zweijährige Kraut aus der Familie der Kreuzblütler wird bis zu 50 Zentimeter hoch. Aus der spindelförmigen Wurzel wachsen einfache oder abstehend verzweigte, fein gerillte Stängel. Charakteristisch sind die zur Rosette angeordneten, gelappten Grundblätter. Lanzettförmige Stängelblätter umfassen den Stängel mit breiten »Öhrchen«. Die kleinen weißen Blüten stehen in lockerer Traube. Ihren Namen verdankt die Pflanze den dreieckigen Samenschötchen, deren Form an einen Beutel erinnert.

Sammelzeit Die beste Erntezeit für das Kraut ist der Herbst, wenn die Pflanze schon Früchte ausgebildet hat, an der Spitze des Stängels aber auch noch Blüten stehen. Man hängt das Kraut gebündelt auf und trocknet es im Schatten.

Inhaltsstoffe Ätherische Öle, Azetylcholin, Cholin, Flavonoide, Gerbstoffe, Kaliumsalze

Heilwirkungen Das Hirtentäschel wird als blutstillendes und gerinnungsförderndes Mittel eingesetzt, insbesondere bei Menstruationsbeschwerden. Man verwendet es bei Nieren-, Darm- und Blasenblutungen, Nasenbluten und schlecht heilenden Wunden. Hirtentäschel ist Bestandteil vieler blutreinigender Tees.

ANWENDUNG

Der Presssaft aus dem frischen Kraut wird bei verlängerter Regelblutung und bei Blutungen außerhalb der Menstruation angewandt: Ein kleines Glas davon ausdrücken und über den Tag verteilt trinken.

☆ Bei Blutungen verschiedenster Art, aber auch bei niedrigem Blutdruck oder Kreislaufschwäche reicht man Hirtentäscheltee. Hierfür wird empfohlen, täglich 2 Tassen Hirtentäscheltee zu trinken.

☆ Teezubereitung: Übergießen Sie 2 Teelöffel Hirtentäschelkraut mit ¼ Liter kochendem Wasser, und lassen Sie den Sud vor dem Abseihen 10 Minuten zugedeckt ziehen.

☆ Abgekühlter Hirtentäscheltee eignet sich auch für Mundspülungen bei Entzündungen im Mund- und Rachenraum. Bei oberflächlichen Hautverletzungen helfen Umschläge mit dem Tee oder verdünntem Presssaft. Nasenbluten lässt sich mit einem Tampon stillen, der in den Aufguss getaucht wurde.

☆ In der Frauenheilkunde werden auch Voll- oder Sitzbäder mit Hirtentäschel angewandt: Sie lindern starke Regelblutungen.

☆ Für ein Vollbad bereitet man am besten zunächst einen Aufguss zu: Man benötigt dazu je 1 Hand voll getrockneter Pflanzen pro Liter Wasser. Nachdem der Sud etwa 10 Minuten lang gezogen hat, gibt man ihn dem warmen Badewasser bei.

☆ Im Frühjahr kann man junge, noch zarte Hirtentäschelblätter dem Salat beigeben.

Hohlzahn *(Galeopsis segetum)*

Brandkraut, Daunnessel, Haarige Kornwut

Jüngere Untersuchungen bestätigen dem Hohlzahn, der schon in der Volksmedizin als Lungenheilmittel erprobt worden war, eine schleimlösende und auswurffördernde Wirkung. Der Hohlzahn kann als Mittel zur Rekonvaleszenz und allgemeinen Kräftigung eingesetzt werden, wobei er erst bei einer Anwendung ab vier Wochen seine volle Heilkraft entfaltet.

Botanische Beschreibung Die einjährige Pflanze aus der Familie der Lippenblütler erreicht eine Höhe von 10 bis 30 Zentimetern. Der vierkantige Stängel ist ebenso behaart wie die eiförmigen, stumpf gezähnten Blätter und die gelblich-weißen Blüten.

Inhaltsstoffe Ätherisches Öl, Bitterstoffe, Flavonoide, Gerbstoffe, Kieselsäure, Saponine

Heilwirkungen Wegen seiner schleimlösenden und reizlindernden Wirkung wird der Hohlzahn vorwiegend bei Erkrankungen der Atemwege, insbesondere bei chronischer Bronchitis eingesetzt. Die regenerierende Wirkung auf die Haut verdankt er dem hohen Gehalt an Kieselsäure. Geerntet wird die ganze Pflanze ohne die Wurzel zur Blütezeit von Juli bis August.

ANWENDUNG

- ☆ Teezubereitung: Übergießen Sie 2 Teelöffel Hohlzahnkraut mit ¼ Liter kochendem Wasser. Lassen Sie den Sud 10 Minuten zugedeckt ziehen und seihen Sie ihn dann ab. Die empfohlene Dosis liegt bei 2 bis 3 Tassen pro Tag.
- ☆ Zur äußerlichen Behandlung von Wunden und Furunkeln tränkt man eine Kompresse mit abgekühltem Hohlzahntee.

Holunder *(Sambucus nigra)*

Elderbaum, Eller, Holder, Holler

Der Holunder wurde nachweislich schon in der Steinzeit genutzt. In der germanischen Mythologie galt er als heiliger Baum der Göttin Holle. Im Volksglauben war er der Wohnsitz schützender Geister, die Feuer, bösen Zauber und anderes Unheil abwehrten. Man findet ihn daher häufig in der Nähe von Viehweiden, Stallungen und bäuerlichen Behausungen. Der Holunder gehörte schon früh zu den beliebtesten Heilpflanzen der Volksmedizin. Von der Wurzel über die Rinde bis hin zu den Blättern wurde jeder Pflanzenteil genutzt. In ländlichen Gegenden gilt es bis heute als Frevel, einen Holunderstrauch zu fällen. Die Volksmedizin schätzte Holunder als Mittel gegen Rheuma und Gicht, vor allem aber gegen Husten und fiebrige Erkältungskrankheiten. Die moderne Medizin beschränkt sich zwar auf die Nutzung der Blüten und Beeren; die Anwendungsgebiete sind jedoch die gleichen geblieben. Holunderblüten und -blätter werden sehr gerne als schweißtreibendes Mittel z. B. bei beginnenden Erkältungskrankheiten genutzt. Holunder ist Bestandteil einiger standardisierter Fertigpräparate (z. B. Dragées, Lösung, Teemischung). Außerdem finden Holunderblüten und -beeren auch in der Küche vielseitige Verwendung.

Botanische Beschreibung Der Holunder ist im gesamten europäischen Raum verbreitet. Bei uns wächst er wild vor allem an Ufern und in feuchten Auwäldern, aber auch an Waldrändern, in Hecken und Gebüschen. In Gärten ist er kaum noch anzutreffen, woran der unangenehme Geruch nicht ganz unschuldig sein mag, den seine warzige Rinde verbreitet. Der Holunderstrauch bevorzugt humus- und nährstoffreiche Böden. Er gehört zur Familie der Geißblattgewächse und kann bis zu 7 Meter hoch werden. An den markreichen Ästen sitzen gefiederte Blätter mit fein gezähnten Rändern. Charakteristisch sind die großen, gelblichweißen Blütendolden, die sich aus vielen kleinen Einzelblüten zusammensetzen. Im Herbst entwickeln sich aus ihnen glänzende, schwarzviolette Beeren.

Sammelzeit Zu Heilzwecken verwendet man sowohl die Blüten als auch die Beeren. Die Holunderblüten werden im Juni und Juli bei trockenem Wetter gepflückt, man schneidet die ganzen Blütenstände ab und hängt sie gebündelt zum Trocknen auf. Die Beeren werden voll ausgereift im Herbst geerntet.

Inhaltsstoffe Die Blüten enthalten ätherische Öle, Flavonoide, Gerbstoffe und schweißtreibende Glykoside, die Beeren sind reich an Vitaminen und Mineralien.

Heilwirkungen Holunderblüten wirken schweißtreibend und abwehrstärkend. Sie werden daher gern bei Fieber und Erkältungskrankheiten eingesetzt. Zudem gelten sie als gutes Blutreinigungsmittel, insbesondere bei Hauterkrankungen. Saft aus frischen Beeren wirkt leicht harntreibend und ist zudem ein bewährtes Abführmittel.

ANWENDUNG DER HOLUNDERBLÜTEN

Der Tee aus Holunderblüten regt die Bronchialsekretion an, erleichtert so das Abhusten, und ist als Schwitztee ideal bei fiebrigen Erkältungskrankheiten.

- ☆ Je nach Schwere der Erkrankung sollten Sie täglich 1 bis 2 (bei leichter Erkältung) oder 3 bis 4 (bei Fieber) Tassen Holunderblütentee trinken.
- ☆ Teezubereitung: Übergießen Sie 2 Teelöffel Holunderblüten mit ¼ Liter kochendem Wasser. Lassen Sie den Sud 5 bis 10 Minuten zugedeckt ziehen und seihen Sie ihn dann ab.

- ☆ Wegen seiner wassertreibenden Wirkung kann er zur Behandlung von Harnsteinen angewendet werden. Als Kur sollte der Holunderblütentee über einen Zeitraum von 4 Wochen hin getrunken werden.
- ☆ Bei Husten empfiehlt sich eine Inhalation mit Holunderblüten: Übergießen Sie 1 Esslöffel der getrockneten Blüten mit 1 Liter kochendem Wasser und lassen Sie den Aufguss 10 Minuten lang ziehen. Breiten Sie ein großes Handtuch über Ihren Kopf und die Schüssel, und atmen Sie den Dampf etwa 10 Minuten lang durch Mund und Nase ein.
- ☆ Bei Fieber oder bei fettiger oder unreiner Haut hilft ein Vollbad mit Holunderblüten: Füllen Sie 2 Hand voll Holunderblüten in ein Stoffsäckchen, und legen sie dieses ins warme Badewasser. Das Vollbad sollte nicht länger als 15 Minuten dauern. Fieberkranke sollten danach unbedingt eine Weile ausruhen.

ANWENDUNG DER HOLUNDERBEEREN

Holunderbeeren wirken abwehrstärkend und konzentrationsfördernd. Sie können zu Wein, Kaltschalen, Sirup und Marmelade verarbeitet werden. Der Saft aus den frischen reifen Beeren regt auf milde Weise die Verdauung an und schmeckt erfrischend säuerlich.

- ☆ Kochen Sie 500 Gramm Holunderbeeren mit 2 Liter Wasser auf. Anschließend sorgfältig durch ein sauberes Tuch pressen. Täglich 2 Gläser davon trinken.

DAS SOLLTEN SIE BEACHTEN

Früher wurden auch Blätter, Rinde und Wurzel des Holunderstrauchs zu Heilzwecken verwendet. Davon hat man inzwischen Abstand genommen, weil diese Pflanzenteile Blausäure enthalten, ebenso wie die unreifen Beeren.

Hopfen *(Humulus lupulus)*

Hopf, Hoppen, Hupfen

Der Hopfen wird bei uns seit dem 8. Jahrhundert als Bierwürze kultiviert. Zu den wichtigsten Anbaugebieten gehörte damals wie heute Bayern. In den Klöstern, denen der Hopfenbau lange Zeit vorbehalten war, wurde schon früh auch der gesundheitliche Wert der Nutzpflanze entdeckt. Man brachte die beruhigende Wirkung des Biers mit dem Hopfen in Verbindung und begann, die Pflanze als Mittel bei nervösen Störungen einzusetzen. Bald kamen weitere Anwendungsgebiete wie Blasen- und Nierenleiden sowie Menstruationsbeschwerden hinzu. In der modernen Medizin fand Hopfen wissenschaftliche Anerkennung bei nervös bedingter Schlaflosigkeit, bei Unruhe- und Angstzuständen sowie bei Appetitlosigkeit.

Botanische Beschreibung Am besten gedeiht die ausdauernde Schlingpflanze aus der Familie der Hanfgewächse auf feuchten, lehmigen Böden. Der schnell wachsende Hopfen klettert 3 bis 6 Meter hoch. Sein rechts windender Stängel ist mit rauen Klimmhaaren besetzt. Die spitz gezähnten Blätter sind 3- bis 5-lappig. Die männlichen Blüten stehen in Rispen, die weiblichen in Scheinähren, die sich später zu den so genannten Hopfenzapfen vergrößern. Sowohl zum Bierbrauen als auch für medizinische Zwecke ist nur die weibliche Blüte interessant. Arzneiliche Verwendung finden auch die Drüsenschuppen; dabei handelt es sich um die kurz gestielten Hopfendrüsen, die an den Deckblättern der weiblichen Blütenstände sitzen.

Sammelzeit Die Hopfenzapfen werden im August und September geerntet. Man pflückt sie, bevor sie völlig ausgereift sind, damit die begehrten Drüsenschuppen nicht vorzeitig abfallen. Die Zapfen werden dann nachgetrocknet und schließlich gesiebt. Durch das Schütteln trennen sich die Drüsenschuppen vom Zapfen und setzen sich als grüngelbes Pulver ab, dem so genannten Hopfenmehl.

Inhaltsstoffe Ätherisches Öl, Bitterstoffe, Flavonoide, Gerbstoffe, Harzsubstanzen

Heilwirkungen Hopfen wirkt antibakteriell und appetitanregend. Er gilt als sanftes Beruhigungsmittel bei nervöser Übererregtheit und bei Einschlafstörungen, Menstruations- und Wechseljahrbeschwerden sowie bei leichten Depressionen.

ANWENDUNG

Zur Linderung von Unruhe- oder Angstzuständen wird empfohlen täglich 2 Tassen Hopfenzapfentee zu trinken. Noch größeren Nutzen erzielen Sie durch die Beimengung von Baldrian.

☆ Teezubereitung: Übergießen Sie 2 Teelöffel Hopfenzapfen mit $1/4$ Liter kochendem Wasser. Lassen Sie den Sud etwa 15 Minuten zugedeckt ziehen, und seihen Sie ihn dann ab.

☆ Bei Unruhe, Schlafstörungen und Appetitlosigkeit hat sich auch eine Hopfentinktur bewährt: Übergießen Sie 10 Gramm frische Hopfenzapfen mit 200 Milliliter 70 %igem Alkohol. Lassen sie das Ganze 7 Tage in einer dunklen Glasflasche ziehen und seihen Sie es anschließend ab. Nehmen Sie bei Bedarf je 1 Teelöffel mit Wasser verdünnt ein.

☆ Beruhigend und entspannend wirkt ein Hopfenbad. Geben Sie 1 bis 2 Hand voll Hopfenzapfen in 3 Liter kaltes Wasser. Aufkochen und 20 Minuten ziehen lassen, dann abseihen und ins warme Badewasser gießen. Das Bad sollte nicht länger als 15 Minuten dauern.

☆ Bei nervösen Schlafstörungen kann man auch getrocknete Hopfenzapfen in ein Tuch einschlagen und unter das Kopfkissen legen.

Huflattich *(Tussilago farfara)*

Brustlattich, Hustenkraut, Lehmblümel, Sandblume

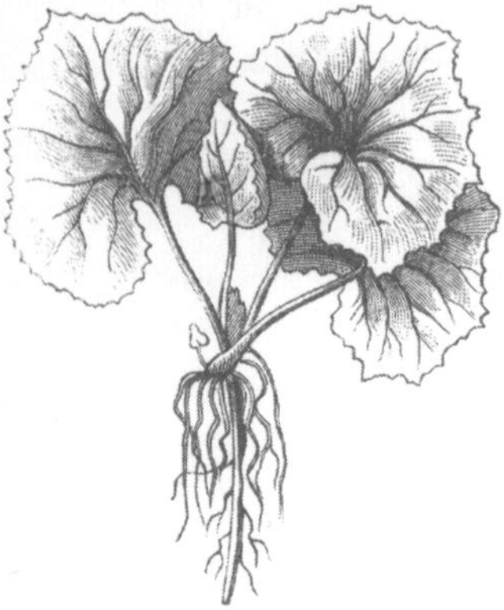

Der Huflattich gehört zu den ältesten Mitteln gegen Husten. Schon der antike Arzt Hippokrates pries seine reizlindernde und schleimlösende Wirkung. Frische junge Blätter wurden als Kompresse zur Wundheilung und bei Hautausschlägen eingesetzt, man verspeiste sie aber auch blanchiert als gesundes Gemüse. In der Medizin wird er bei trockenem Hustenreiz und zähem Bronchialschleim nach wie vor gern verwendet, allerdings ist man von Teezubereitungen abgekommen. Empfohlen werden stattdessen Fertigpräparate.

Botanische Beschreibung Der Huflattich ist in ganz Europa beheimatet. Er wächst an feuchten Standorten, auf frischen Erdabbrüchen, an lehmigen Äckern und Wegrändern. Die ausdauernde Pflanze aus der Familie der Korbblütler gehört zu den ersten Frühlingsblühern. Ihre gelben Blütenköpfchen erscheinen noch vor der Ausbildung der Laubblätter. Sie sitzen auf 15 Zentimeter hohen, schuppig behaarten Stängeln. Erst nach der Blütezeit entsendet der Wurzelstock die herzförmigen, kurz gezähnten Blätter. Sie können einen Durchmesser von bis zu 20 Zentimetern haben. Auf der Oberseite sind sie dunkelgrün, auf der Unterseite tragen sie eine weißfilzige Behaarung.

Sammelzeit Zu Heilzwecken verwendet man vorwiegend die Blätter, seltener die Blüten. Die jungen Blätter werden von Mai bis Juni gesammelt. Wählen Sie nur kleine, maximal handtellergroße Exemplare aus.

Inhaltsstoffe Bitterstoffe, Flavonoide, Gerbstoffe, Inulin, Schleimstoffe

Heilwirkungen Huflattich hat eine schleimlösende Wirkung. Er wird daher bei Husten, Heiserkeit und Bronchitis eingesetzt. Wegen seiner zusammenziehenden (adstringierenden) Wirkung kann er auch bei Entzündungen im Mund- und Rachenraum hilfreich sein. Äußerlich angewendet, hat sich Huflattich als Wundheilmittel bewährt.

ANWENDUNG

Bei oberflächlichen Hautverletzungen fördert ein Umschlag den Heilungsprozess.

- ☆ Übergießen Sie 1 Esslöffel Huflattichblätter mit ¼ Liter kochendem Wasser. Lassen Sie den Aufguss etwa 5 Minuten ziehen, seihen Sie ihn dann ab. Nehmen Sie ein Lein- oder Baumwolltuch und tränken Sie es in dem Tee. Legen Sie den Umschlag mehrmals täglich auf die betroffene Hautpartie auf.
- ☆ Eine Huflattichauflage eignet sich zur Behandlung von müden Augen, leichten Reizungen der Bindehaut und von Gerstenkorn. Verkochen Sie eine Hand voll frische Huflattichblätter mit wenig Wasser zu einem dicken Brei. Lassen Sie den Brei etwas abkühlen und geben Sie ihn auf eine saubere Mullbinde. Noch warm auf das Augenlid legen. Die Behandlung mehrmals täglich wiederholen.

DAS SOLLTEN SIE BEACHTEN

Huflattich sollte weder längerfristig noch hoch dosiert zur Anwendung kommen, da er Leber schädigende und Krebs erzeugende Stoffe enthält!

→ Während der Schwangerschaft und in der Stillzeit ist von seiner Einnahme ganz abzuraten.

→ Bei der innerlichen Anwendung gegen Reizhusten, starke Verschleimungen, aber auch Entzündungen der Magen- und Darmschleimhaut sollten Sie Fertigpräparaten den Vorzug geben.

Isländisch Moos *(Cetraria islandica)*

Blutlungenmoos, Fiebermoos, Hirschhornflechte, Rentierflechte

Isländisch Moos wurde bereits 1672 in einem Arzneimittelverzeichnis beschrieben. Es galt als Hausmittel bei Abmagerung, Durchfall und bei Atemwegserkrankungen. Die Heilpflanze wurde sogar bei Keuchhusten, Asthma und Lungentuberkulose eingesetzt. Schwächlichen Kindern und Rekonvaleszenten reichte man sie zur Stärkung und Wiederherstellung. In der modernen Medizin wird Isländisch Moos vor allem bei Erkrankungen der oberen Atemwege empfohlen: Es ist ein wichtiger Bestandteil vieler Lutschtabletten und Erkältungstees.

Botanische Beschreibung Isländisch Moos ist in ganz Europa verbreitet, kommt im Süden jedoch nur in höheren Lagen vor. Die größten Bestände findet man im Gebirge. Man begegnet der Bodenflechte aber auch im Flachland, an offenen Standorten mit sandigen Böden. Der Name ist irreführend, denn es handelt sich bei der anspruchslosen Pflanze um kein Moos, sondern um eine Strauchflechte. Sie wächst polsterförmig und wird 4 bis 12 Zentimeter hoch. Die einzelnen Triebe sind geweihartig verzweigt, starr, schuppig und meist rinnig verbogen. Die Oberseite zeigt eine braungrüne, die Unterseite eine weißgrüne Färbung. Flechten sind Pflanzen, die eine Lebensgemeinschaft zwischen Pilzen und Algen bilden. Sie produzieren besondere Stoffe und zeichnen sich durch große Widerstandsfähigkeit aus.

Sammelzeit Die ganze Pflanze wird im Spätsommer und Herbst bei trockenem Wetter gesammelt. Um die wertvollen Inhaltsstoffe zu schonen, sollte man das Kraut langsam an einem dunklen Ort trocknen.

Inhaltsstoffe Bitterstoffe, Flechtensäuren, Jod, Schleimstoffe, Vitamine A und B

Heilwirkungen Isländisch Moos wirkt reizlindernd und kräftigend auf die Schleimhäute in Mund und Rachen. Auch bei Entzündungen der Magen- und Darmschleimhaut wird es herangezogen. Es wirkt brechreizlindernd, appetitanregend, außerdem belebend und stärkend (tonisierend). Den Flechtensäuren wird eine leicht antibakterielle Wirkung nachgesagt. In der Volksmedizin verwendet man Isländisch Moos daher auch bei starker Akne, bei Hautunreinheiten und zur Wundheilung.

ANWENDUNG

Bei Husten, Brechreiz, Magenbeschwerden und Appetitlosigkeit, aber auch bei Hautunreinheiten empfiehlt es sich, täglich 2 bis 3 Tassen Tee zu trinken. Auch eine mehrwöchige Kur ist möglich.

- ☆ Teezubereitung: Übergießen Sie 2 Teelöffel Isländisch Moos mit 1/4 Liter kochendem Wasser. Lassen Sie den Sud etwa 5 Minuten ziehen und seihen Sie ihn dann ab.
- ☆ Bei chronischer Bronchitis ist es sinnvoll, täglich vor dem Aufstehen 1 Tasse Teemischung aus Isländisch Moos und Huflattich zu gleichen Teilen zu trinken.
- ☆ Abgekühlter Isländisch-Moos-Tee eignet sich für Mundspülungen bei Zahnfleischentzündungen oder als Gurgelmittel.
- ☆ Bei oberflächlichen Hautverletzungen und bei Hautunreinheiten fördert ein mit Isländisch-Moos-Tee getränkter Umschlag den Heilungsprozess. Nehmen Sie hierfür 1 Esslöffel auf 1/4 Liter Wasser.

DAS SOLLTEN SIE BEACHTEN

Bei hartnäckiger Akne kann die Schulmedizin oft nur begrenzt Abhilfe schaffen. Gerade in solchen Fällen lohnt sich ein Versuch mit der kurmäßigen Anwendung von Isländisch Moos.

Johannisbeere, schwarze *(Ribes nigrum)*

Alpenbeere, Bocksbeere, Gichtbeere, Wanzenbeere

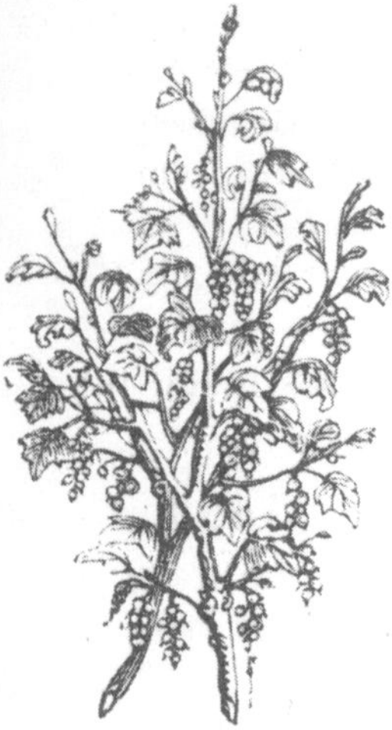

Die Schwarze Johannisbeere wird bei uns als Nutzpflanze seit dem 16. Jahrhundert angebaut. Ihr Name bezieht sich auf die Reifezeit der Früchte um den 24. Juni, den Johannistag. Zunächst verordnete man Tee aus den Blättern der Pflanze gegen Harnverhaltung und Harnstein. Im 18. Jahrhundert verfasste der burgundische Abbé Bailly de Montron ein Arzneibüchlein mit dem Titel »Die bewundernswerten Eigenschaften der Schwarzen Johannisbeere«. Das französische Burgund ist übrigens auch die Heimat des »Cassis« genannten Johannisbeerlikörs. Während sie in der Schulmedizin kaum Beachtung fand, ist die Schwarze Johannisbeere in der traditionellen Volksmedizin umso beliebter.

Botanische Beschreibung Der stachellose 1 bis 2 Meter hohe Strauch gehört zur Familie der Stachelbeergewächse. Er verströmt einen unangenehmen Geruch, der sich auch in einigen Volksnamen ausdrückt. Die 3- bis 5-lappigen Blätter sind grob gesägt und tragen an der Unterseite gelbliche Harzdrüsen. Aus den grünlich-roten Blüten entwickeln sich kugelige, tintenschwarze Beeren.

Sammelzeit Zu Heilzwecken verwendet man sowohl die Blätter als auch die frischen reifen Früchte. Die Blätter werden nach der Blütezeit im Juni ohne Stängel gesammelt und anschließend an der Luft getrocknet. Die Beeren erntet man in vollreifem Zustand von Juni bis Juli. Sie werden frisch zu Gelee, Marmelade, Sirup, Likör oder Saft verarbeitet.

Inhaltsstoffe Ätherisches Öl, Flavonoide, Fruchtsäuren, Gerbstoffe, Vitamin C

Heilwirkungen Die Schwarze Johannisbeere reguliert die Funktion des Verdauungssystems, beruhigt akuten Durchfall und lindert Magenschmerzen. Sie wirkt schweißtreibend und zusammenziehend (adstringierend) und wird daher auch bei Erkältungskrankheiten und Halsentzündungen und zur Blutreinigungskur eingesetzt. Wegen ihrer harntreibenden Wirkung kann sie auch bei Blasenleiden, Gicht und Rheuma hilfreich sein.

ANWENDUNG

Bei Erkältung, Verdauungsbeschwerden, Rheuma und Erschöpfungszuständen trinken Sie täglich 2 bis 3 Tassen Tee.

- ☆ Teezubereitung: Übergießen Sie 2 Teelöffel Johannisbeerblätter mit ¼ Liter kochendem Wasser. Lassen Sie den Sud etwa 10 Minuten ziehen und seihen Sie ihn dann ab.
- ☆ Bei Insektenstichen lindert ein Umschlag, der mit lauwarmem Tee aus Johannisbeerblättern getränkt wurde, den Juckreiz.
- ☆ Der abgekühlte Tee eignet sich als Gurgelmittel bei Entzündungen der Mund- und Rachenschleimhaut.
- ☆ Die frischen Früchte und besonders der daraus zubereitete Saft wirken vorbeugend gegen Erkältungskrankheiten und vor allem gegen akute Durchfälle. Mehrmals täglich löffelweise einnehmen oder mit Wasser verdünnt trinken.
- ☆ Bei Blasenleiden bereitet man einen Aufguss aus getrockneten Johannisbeeren zu: Übergießen Sie 2 Teelöffel getrocknete Beeren mit ¼ Liter kochendem Wasser. Lassen Sie den Aufguss 10 Minuten lang ziehen und seihen Sie ihn dann ab. Trinken Sie täglich 2 bis 3 Tassen davon.

DAS SOLLTEN SIE BEACHTEN

Beim Sammeln der Johannisbeerblätter sollte man darauf achten, nur pilzfreie Exemplare auszuwählen. Die Pflanze wird nämlich häufig vom so genannten Kronrost befallen.

Johanniskraut *(Hypericum perforatum)*

Blutkraut, Jesuwundenkraut, Johannisblut, Wundkraut

Von Hippokrates über Paracelsus und Bock bis hin zu Mattioli reicht die Reihe berühmter Ärzte, die die Heilkraft des Johanniskrauts priesen. Im Mittelalter glaubte man, dass die Pflanze aus den Blutstropfen Johannes des Täufers entstanden sei. Zahlreiche Legenden rankten sich um das Johannisblut – den roten Farbstoff, der aus den zerquetschten gelben Blüten austritt. Er galt als wirksamer Schutz vor bösem Zauber und Hexerei. Die Perforationen der Blätter gehen der Sage nach auf den Teufel zurück: Er ärgerte sich über die Heilkraft der Pflanze und stach wütend auf sie ein, konnte ihr aber nichts anhaben. Wer daher Johanniskraut bei sich trug, war, so glaubte man, vor Teufelswerk geschützt. Die Volksmedizin verwendet Johanniskraut traditionell zur Wund- und Schmerzbehandlung, bei Magen- und Darmbeschwerden, Schlaflosigkeit und Nervosität. In der modernen Schulmedizin wird die Pflanze vor allem bei depressiven Verstimmungen (besonders während der Wechseljahre), nervöser Unruhe und Angst herangezogen. Denn inzwischen ist wissenschaftlich erwiesen, dass Johanniskraut einen fördernden Einfluss auf die Botenstoffe Serotonin und Noradrenalin im Gehirn und damit einen positiven Effekt auf die Stimmungslage hat. Einer der größten Vorzüge des Johanniskrauts liegt in den geringen Nebenwirkungen, die im Vergleich zu denen synthetisch hergestellter Antidepressiva harmlos sind. Johanniskraut ist in standardisierten Fertigarzneien (z. B. Kapseln, Dragées) erhältlich.

Botanische Beschreibung Das Johanniskraut ist in ganz Europa verbreitet. Bei uns wächst es auf sonnigen Wiesen, an Wegrändern, in lichten Wäldern und Gebüschen. Häufig findet man es auch an Trockenhängen, Dämmen und Böschungen. Die ausdauernde, 30 bis 60 Zentimeter hohe Staude gehört zur Familie der Johanniskrautgewächse. Ihre reich verzweigten, markigen Stängel kennzeichnen 2 erhabene Längskanten. Die glattrandigen Blätter sind eiförmig bis länglich-oval. Sie wirken wie perforiert, wenn man sie gegen das Licht hält, was auf die durchscheinenden Öldrüsen zurückzuführen ist. Die goldgelben Blüten haben je 5 lanzettförmige Kelchblätter und zahlreiche Staubgefäße, sie stehen in reichen Trugdolden.

Sammelzeit Zu Heilzwecken sammelt man das voll erblühte Kraut zwischen Juni und August. Man schneidet es kurz über dem Boden ab, fasst es zu Bündeln zusammen und lässt es an einem luftigen Ort im Schatten trocknen.

Inhaltsstoffe Ätherisches Öl, Flavonoide, Gerbstoffe und der rote Farbstoff Hypericin

Heilwirkungen Johanniskraut wirkt durch die ganz besondere Komposition seiner Inhaltsstoffe stimmungsaufhellend und wird daher vor allem bei depressiven Verstimmungen eingesetzt. Es wirkt entzündungshemmend, schmerzstillend und zusammenziehend (adstringierend) und kann daher auch bei der Wundbehandlung und bei Nervenschmerzen dienen.

ANWENDUNG

Bei Unruhe, Angstzuständen und leichten Depressionen trägt Johanniskrauttee zur Besserung der Stimmungslage bei. Auch bei Magen- und Darmbeschwerden kann er hilfreich sein.

☆ Teezubereitung: Übergießen Sie 2 Teelöffel Johanniskraut mit ¼ Liter kochendem Wasser und lassen Sie den Sud etwa 10 Minuten ziehen. Abseihen und täglich 2 bis 3 Tassen davon trinken.

☆ Zur Behandlung psychischer Symptome sollte der Tee kurmäßig mindestens 6 Wochen lang eingenommen werden.

- ☆ Bei Magenbeschwerden entfaltet Johanniskrauttinktur eine schmerzlindernde und beruhigende Wirkung.
- ☆ Tinkturzubereitung: 1 Esslöffel Johanniskrautblüten zerkleinern, mit 150 Milliliter 70 %igem Alkohol aufgießen und 10 Tage ziehen lassen. Anschließend abfiltern und in ein dunkles Glasfläschchen füllen. Jeweils 8 bis 10 Tropfen zu den Mahlzeiten einnehmen.
- ☆ Zur Wundheilung und zur Behandlung von Nervenschmerzen, etwa bei Rheuma oder Hexenschuss, eignen sich Einreibungen mit Johanniskrautöl.
- ☆ Ölzubereitung: Nehmen Sie 125 Gramm Blüten, die Sie am besten mit einem Mörser fein zerstoßen. Gießen Sie die zerstoßenen Blüten mit ½ Liter Olivenöl auf und füllen Sie das Ganze in eine durchsichtige Glasflasche, die Sie an einen sonnigen Platz stellen. Täglich aufschütteln. Wenn das Gemisch eine rötliche Farbe angenommen hat, was in der Regel nicht vor 6 Wochen der Fall ist, filtern Sie es durch ein sauberes Tuch ab und füllen Sie das gewonnene Öl in dunkle Fläschchen.

DAS SOLLTEN SIE BEACHTEN

Johanniskraut kann, besonders bei hellhäutigen Personen, eine Überempfindlichkeit der Haut gegen Licht hervorrufen. Bei einer längeren Anwendung sollte man daher direktes Sonnenlicht oder Höhensonne meiden.

→ Müdigkeit sowie Unruhe und Bauchschmerzen sind weitere seltene Begleiterscheinungen.

→ Bei einer längerfristigen Behandlung mit hoch dosiertem Johanniskraut kann die Wirkung von gleichzeitig eingenommenen Medikamenten zur Blutverdünnung herabgesetzt werden.

→ Zur Behandlung von leichten bis mittelschweren Depressionen wird derzeit eine Einnahmemenge von dreimal täglich 300 Milligramm Johanniskraut empfohlen.

Kalmus *(Acorus calamus)*

Ackerwurz, Deutscher Ingwer, Kolmes, Magenwurz

Altpersische Schriften belegen, dass der Kalmus schon im 7. Jahrhundert v. Chr. als Heilpflanze verwendet wurde. Auch in Indien und China war er schon lange vor unserer Zeitrechnung als Arznei- und Gewürzpflanze bekannt. Im antiken Griechenland diente er wegen seines aromatischen Duftes u. a. als Parfüm. Nach Europa kam der Kalmus etwa 1560: Damals wurde Mattioli, dem Leibarzt von Kaiser Ferdinand I., vom türkischen Hof in Konstantinopel ein Exemplar zugeschickt. Danach fand der Kalmus starke Verbreitung und wurde als Mittel gegen Verdauungsstörungen, Rheuma, Schuppen und Hautausschläge eingesetzt. Die moderne Medizin kennt den Kalmus vor allem als Mittel zur Tonisierung des Verdauungstrakts und empfiehlt ihn bei nervös bedingten Erschöpfungszuständen.

Botanische Beschreibung Man findet den Kalmus an Teichrändern und im Röhricht. Die aromatisch riechende Sumpfpflanze stammt aus der Familie der Aronstabgewächse. In den Boden entsendet sie einen stark verzweigten Wurzelstock. Der dreikantige Stängel ist flach gedrückt und rinnig. Die ähnlich aussehenden schmalen Blätter sind am Rand gewellt und können bis zu 1 Meter lang werden. Im Juni oder Juli bricht aus dem Stängel der grünlich-gelbe Blütenkolben hervor, der bei unserem Klima jedoch nicht zur Reife kommt. Die Fortpflanzung erfolgt daher vegetativ durch den Wurzelstock.

Sammelzeit Der Wurzelstock wird im Frühjahr oder im Herbst geerntet. Man reinigt ihn gründlich, zerschneidet ihn ungeschält in 10 bis 20 Zentimeter lange Stücke und legt diese an einem

schattigen Ort zum Trocknen aus. Für den innerlichen Gebrauch empfiehlt es sich, die Wurzel vor dem Trocknen zu schälen.
Inhaltsstoffe Ätherisches Öl, Bitterstoffe, Gerbstoffe, Schleimstoffe, Vitamin C
Heilwirkungen Wegen seiner Bitterstoffe ist der Kalmus bei Magen- und Darmbeschwerden, Verdauungsproblemen und Appetitlosigkeit einsetzbar. Er hilft bei Erschöpfungszuständen, nervöser Unruhe und Schlaflosigkeit. Traditionell wird er wegen der desinfizierenden Wirkung auch als Mundwasser und Zahnpulver gebraucht, außerdem soll er Wanzen und Motten vertreiben.

ANWENDUNG

Zur Kräftigung und Belebung sowie gegen nervös bedingte Magen-Darm-Beschwerden trinken Sie täglich 2 bis 3 Tassen Tee.

- ☆ Teezubereitung: Übergießen Sie 2 Teelöffel geschälte Kalmuswurzel mit ¼ Liter kochendem Wasser. Lassen Sie den Sud etwa 10 Minuten ziehen und seihen Sie ihn dann ab.
- ☆ Ein Vollbad mit Kalmus hilft bei allgemeiner Erschöpfung (etwa nach einer längeren Erkrankung) und bei Nervosität. Nehmen Sie 100 Gramm ungeschälte Kalmuswurzel und lassen Sie sie 10 Minuten lang in 1 Liter Wasser kochen. Seihen Sie die Flüssigkeit danach ab und geben Sie den Auszug dem warmen Badewasser zu.
- ☆ Ein alkoholischer Auszug aus der Kalmuswurzel wird in der Volksmedizin auch als Einreibung bei rheumatischen Beschwerden genutzt.

DAS SOLLTEN SIE BEACHTEN

Kalmus sollte nicht über einen längeren Zeitraum hin eingenommen werden, weil bestimmte Unterarten möglicherweise Spuren von Krebs erregenden Stoffen enthalten. In der Schwangerschaft und Stillzeit besser ganz auf eine Anwendung verzichten!

Kamille *(Matricaria chamomilla)*

Feldkamille, Kornkamille, Kummerblume, Mägdeblume

Kaum eine andere Heilpflanze ist so vielseitig verwendbar wie die Kamille: Sie wurde schon in frühesten Zeiten als Universalheilmittel eingesetzt, und im Mittelalter durfte sie in keinem Klostergarten fehlen. Der Arzt Hieronymus Bock pries sie mit den Worten: »Die gantz gemein Chamill ist der Doktor Recipe eins.« Es gab nichts, was man der Kamille nicht zutraute: Man verwendete sie bei Erkältungen und grippalen Infekten, Magenleiden und Verdauungsstörungen, bei Entzündungen im Zahn-, Mund-, Rachen- und Halsbereich und bei Menstruationsbeschwerden. Auch bei entzündeter Haut und schlecht heilenden Wunden wurde die Kamille herangezogen. Die moderne Forschung hat bestätigt, dass die Pflanze Bakteriengifte unschädlich machen kann. Das erklärt, warum sie bei Infektionskrankheiten eine positive Allgemeinwirkung hat. Auch die meisten anderen traditionellen Einsatzgebiete der Kamille wurden durch jüngere Untersuchungen bestätigt. Die Kamille ist als Bestandteil zahlreicher standardisierter Fertigarzneien erhältlich (z. B. Teemischung, Creme, Mundspray etc.)

Botanische Beschreibung Die Kamille stammt aus dem östlichen Mittelmeergebiet, hat sich aber in ganz Europa verbreitet. Man begegnet ihr auf Schuttplätzen und Ödland, aber auch an Böschungen, Wegrändern, Feldrainen und Äckern. Am besten gedeiht sie auf stickstoff- und nährstoffreichen Böden. Die einjährige, 15 bis 50 Zentimeter hohe Pflanze gehört zur Familie der Korbblütler (Compositae). Von verwandten, aber weniger wirksamen und stärker allergisierenden Arten wie der Hundskamille unterscheidet sich die Echte Kamille vor allem durch ihren starken, charakteristischen Geruch. An ihren kahlen, aufrechten Stängeln sitzen 2- bis 3-fach gefiederte, schmal-lineale Blätter. Die Blütenköpfchen sitzen einzeln an den Enden der Sprossspitzen. Sie bestehen innen aus gelben Röhrenblüten und außen aus weißen Zungenblüten, die bei der Echten Kamille bald nach dem Aufblühen herabgeschlagen sind. Sicherstes Erkennungsmerkmal ist der hohle, kegelförmige Blütenboden, der bei der Duftlosen Kamille halbkugelig und mit Mark gefüllt ist. Ähnlich wirksam ist nur die im südlichen Europa häufiger vorkommende Römische Kamille.

Sammelzeit Die Blüten werden bevorzugt im Juni und Juli kurz nach dem Aufblühen gesammelt und an einem schattigen Ort getrocknet. Wenn die Kamille für Badezusätze verwendet werden soll, dürfen auch Blütenstiele und etwas Blattanteil dabei sein. Arzneilich verwendete Kamille stammt heute aus Kulturen.

Inhaltsstoffe Ätherisches Öl, Bitterstoffe, Kumarine, Flavonoide, Schleimstoffe

Heilwirkungen Die Kamille wirkt antibakteriell, entzündungshemmend, wundheilend und krampflösend. Innerlich ist ihr Haupteinsatzgebiet der Magen-Darm-Bereich. Sie wird aber auch bei Hals-, Rachen- und Zahnfleischerkrankungen sowie bei Menstruationsbeschwerden eingesetzt. Äußerlich hilft die Kamille bei entzündlichen Hautausschlägen und kann auf vielfältige Weise zur Wundheilung beitragen. Das enthaltene ätherische Öl Chamazulen mit seiner typischen blauen, im Licht braun werdenden Farbe ist eine der kostbarsten Essenzen für Kosmetika.

ANWENDUNG

Kamillentee lindert und entkrampft bei Menstruationsbeschwerden, Magenschmerzen und Verdauungsstörungen. Er trägt zur Besserung von Erkältungen und grippalen Infekten bei und fördert darüber hinaus den Schlaf. Hierfür trinken Sie am besten täglich 2 bis 3 Tassen Kamillentee. Die gleichen Einsatzgebiete hat Kamillentinktur.

- ☆ Teezubereitung: Übergießen Sie 2 Teelöffel Kamillenblüten mit ¼ Liter kochendem Wasser. Lassen Sie den Sud etwa 10 Minuten ziehen und seihen Sie ihn dann ab.
- ☆ Tinkturzubereitung: Übergießen Sie 20 Gramm Kamillenblüten mit 150 Milliliter 70 %igem Alkohol und lassen das Ganze 7 Tage lang ziehen. Anschließend seihen Sie die Flüssigkeit ab und füllen sie in dunkle Fläschchen. Nehmen Sie dreimal täglich 10 bis 15 Tropfen unverdünnt ein.
- ☆ Bei Entzündungen im Mund- und Rachenraum können abgekühlter Kamillentee oder mit Wasser verdünnte Tinktur als Gurgelmittel verwendet werden.
- ☆ Ein Umschlag, der mit abgekühltem Kamillentee getränkt ist, kann bei entzündlichen Hautausschlägen und bei schlecht heilenden Wunden hilfreich sein.
- ☆ Kamille-Dampfbäder fördern den Schlaf und lindern Beschwerden bei entzündlichen Erkrankungen der Atemwege.
- ☆ Kamille-Dampfbad: Übergießen Sie 1 Hand voll Kamillenblüten mit 1 Liter kochendem Wasser. Decken Sie Ihren Kopf und das Gefäß mit einem großen Tuch ab und atmen Sie etwa 10 Minuten die heißen Kamillendämpfe ein.
- ☆ Bei Entzündungen im Anal- und Genitalbereich bereitet man mit 1 Hand voll Kamillenblüten pro Liter Wasser wohltuende Sitzbäder.

DAS SOLLTEN SIE BEACHTEN

Bei der Wundbehandlung sollte bedacht werden, dass Kamille eine stark austrocknende Wirkung auf die Haut hat – bei fetter und unreiner Haut kann dies natürlich ein erwünschter Effekt sein.

→ Bei bekannter Empfindlichkeit gegenüber Korbblütlern sollte auch die Echte Kamille besser nicht verwendet werden.

Klette *(Arctium lappa)*

Bolstern, Haarballe, Haarwachswürze, Rossklettenwurz

Die Klette war schon im Mittelalter als Heilpflanze bekannt. Hildegard von Bingen empfahl bei Nierensteinen in Wein eingelegte Klettenblätter. Dass sie auch als Haarwuchsmittel verwendet wurde, steht wohl mit dem wolligen Aussehen der Blütenköpfchen in Zusammenhang: Die spätmittelalterliche Signaturenlehre versuchte nämlich, die Heilwirkung von Pflanzen mit ihrem äußeren Erscheinungsbild zu erklären. Heute wird die Klette vorwiegend zur Blutreinigung, zur Wundheilung und zur Behandlung von Hautkrankheiten eingesetzt, wobei noch immer Klettenwurzelöl als Anti-Schuppenmittel Verwendung findet.

Botanische Beschreibung Die Klette ist nahezu weltweit verbreitet. Bei uns wächst sie an Ufern, Wegrändern, Zäunen und Mauern, ist aber auch auf Schuttflächen und Ödland häufig anzutreffen. Am besten gedeiht sie auf stickstoffreichen Böden. Die zweijährige Pflanze aus der Familie der Korbblütler wird 1 bis 2 Meter hoch und besitzt eine dick-fleischige Wurzel. Ihr aufrechter Stängel ist stark verzweigt, wollhaarig und rinnig gefurcht. Er trägt gestielte, spitz-eiförmige, filzig behaarte Blätter, deren Größe von unten nach oben stark abnimmt. Die rotvioletten Blütenköpfchen sind in lockeren Trauben fast in einer Ebene angeordnet. Ihren Namen verdankt die Klette den mit gelblichen Widerhaken versehenen Hüllblättern der Blüten. Sie setzen sich bei Menschen und Tieren in der Kleidung und im Fell fest und sind der Grund für die weite Verbreitung der Pflanze.

Sammelzeit Zu Heilzwecken verwendet man heute vorwiegend die Wurzel. Diese wird im Oktober und November ausgegraben,

vorsichtig gesäubert, zerteilt und an der Luft getrocknet. Auch Blätter und Samen wurden traditionell angewandt.
Inhaltsstoffe Ätherische Öle, Bitterstoffe, Gerbstoffe, Inulin, Polyacetylene, Schleimstoffe
Heilwirkungen Die Klette wirkt keimtötend, übrigens auch ihre Blätter, und wird daher zur Wundheilung und bei Hauterkrankungen eingesetzt. Wegen ihrer harn- und schweißtreibenden Wirkung ist sie darüber hinaus Bestandteil vieler Entschlackungs- und Blutreinigungstees. Auch bei Gelenkrheuma sowie bei Störungen der Leber- und Gallenfunktion kommt sie häufig zum Einsatz.

ANWENDUNG

Zur Regulierung der Leber- und Gallenfunktion empfiehlt es sich, täglich 3 Tassen Klettentee zu trinken. In der Volksmedizin wird zum gleichen Zweck auch Klettenwein eingesetzt.

- ☆ Teezubereitung: Übergießen Sie 2 Teelöffel Klettenwurzel mit ½ Liter kaltem Wasser. Kochen Sie das Ganze nach 5 Stunden kurz auf und seihen Sie dann ab.
- ☆ Mit in Klettenwurzeltee getränkten Umschlägen behandelt man Ekzeme, Hautunreinheiten und schlecht heilende Wunden.
- ☆ Klettenwein: Übergießen Sie 50 Gramm Klettenwurzeln mit 1 Liter Wein und lassen Sie das Ganze 10 Tage lang ziehen. Seihen Sie den Wein anschließend ab. Trinken Sie täglich 1 kleines Gläschen.
- ☆ Ein bewährtes Mittel bei stark schuppender Kopfhaut und sogar bei Schuppenflechte ist Klettenwurzelöl. Übergießen Sie 20 Gramm Klettenwurzeln mit 80 Gramm Oliven- oder Sesamöl. Nachdem Sie das Ganze 10 Tage haben ziehen lassen, seihen Sie das Öl ab. Massieren Sie das Klettenöl am besten täglich 2-mal jeweils morgens und abends in die Kopfhaut ein bzw. tragen Sie es auf die erkrankten Hautpartien auf.

Kümmel *(Carum carvi)*

Feldkümmel, Karbei, Kümmich, Wiesenkümmel

Der Kümmel ist eines der ältesten europäischen Gewürzmittel. Er macht blähende Speisen leichter verdaulich. Wegen seines aufdringlichen Geruchs nutzte man ihn zur Abwehr von schwarzer Magie: Wer ein Amulett mit Kümmelsamen auf der Brust trug, sollte vor bösem Zauber geschützt sein. In der Volksmedizin war der Kümmel seit dem Mittelalter nicht nur bei Verdauungsproblemen gefragt, er galt auch als wirksames Mittel gegen Gallen- und Leberleiden sowie Menstruationsbeschwerden junger Mädchen. Ein Leinensäckchen mit Kümmelsamen, im Wasserbad erwärmt, wurde gern als Auflage bei Kopfschmerzen benutzt. Die wichtigsten, wissenschaftlich anerkannten Einsatzgebiete des Kümmels sind auch heute noch Magen-Darm-Krämpfe, Blähungen und Völlegefühl. Kümmel ist auch in standardisierten Fertigpräparaten (z. B. Teemischung, Tropfen) erhältlich.

Botanische Beschreibung Der Kümmel ist im gesamten mitteleuropäischen Raum verbreitet. In Deutschland ist er kultiviert in vielen Gemüsegärten zu finden, man begegnet ihm aber auch an Dämmen, auf Wiesen und Weiden sowie an Wegrändern. Die zweijährige 30 bis 100 Zentimeter hohe Pflanze gehört zur Familie der Doldenblütler. Aus der rübenförmigen Pfahlwurzel entwickelt sich ein aufrechter, stark verästelter und gefurchter Stängel. Die linealisch zugespitzten Blättchen sind 2-bis 3-fach gefiedert. Kennzeichnend sind die weiß blühenden Doppeldolden. Sie bilden die Früchte aus, die nach der Reife in jeweils zwei sichelförmig gebogene Teilfrüchte zerfallen.

Sammelzeit Zu Heilzwecken verwendet man die reifen Früchte und das in ihnen enthaltene ätherische Öl. Die reifen Früchte werden im Juli und August gesammelt, wenn sie braun sind. Arzneilich verwendeter Kümmel stammt aus Kulturen. Wenn Sie Kümmel nicht selbst anbauen, besteht große Verwechslungsgefahr mit giftigen Doldenblütlern!

Inhaltsstoffe Ätherisches Öl, Flavonoide, Karvon, Proteine

Heilwirkungen Kümmel wirkt antibakteriell und krampflösend. Er wird daher vor allem bei Verdauungsstörungen mit leichten Krämpfen, bei Blähungen und Völlegefühl eingesetzt. In vielen Milchbildungstees sind die Samen der Heilpflanze ebenfalls enthalten. Die Volksmedizin verwendet Kümmel auch als Hustenmittel sowie bei Gallen- und Leberbeschwerden.

ANWENDUNG

Es wird empfohlen, vorbeugend zu den Mahlzeiten 1 Tasse Kümmeltee zu trinken. Für Säuglinge wird der Tee mit der gleichen Menge an abgekochtem Wasser verdünnt.

- ☆ Teezubereitung: Zerstoßen Sie mit dem Mörser 1 bis 2 Teelöffel Kümmelsamen und übergießen Sie ihn mit ¼ Liter kochendem Wasser. Lassen Sie den Aufguss 10 Minuten ziehen und seihen Sie ihn anschließend ab.
- ☆ Kümmelschnaps: Zerstoßen Sie 50 Gramm Kümmelsamen im Mörser, und gießen Sie ¾ Liter klaren Schnaps dazu. Lassen Sie den Kümmelschnaps 10 Tage lang ziehen, und seihen Sie ihn anschließend ab. Nach blähenden Gerichten können Sie ein Schnapsglas davon trinken.
- ☆ Bei Säuglingskoliken kann eine Kümmelauflage hilfreich sein. Füllen Sie 2 Hand voll Kümmel in ein Leinensäckchen und erwärmen Sie es im Wasserbad oder Backofen auf eine gerade noch angenehme Temperatur. Legen Sie das warme Säckchen für mehrere Minuten auf den Bauch des Babys. Bei Bedarf können Sie die Anwendung mehrmals täglich wiederholen.

Lavendel *(Lavandula angustifolia)*

Narden, Nervenkräutel, Speik, Zöpfli

In der Antike verwendete man Lavendel als Gegenmittel bei Vergiftungen. In mittelalterlichen Kräuterbüchern fand er zuerst als wirksames Läusemittel Erwähnung – noch heute duften in so manchem Schrank Lavendelsäckchen gegen Kleidermotten. Seit dem 15. Jahrhundert wurden aus Lavendel Parfüms und Seifen hergestellt, und noch heute ist das ätherische Öl ein wichtiger Zusatzstoff für die kosmetische Industrie, aber auch Bestandteil von Reinigungsprodukten und sogar Teemischungen. Die moderne Medizin hat die Erfahrungen der Volksmedizin mit Lavendel weitgehend übernommen. Die innerliche Anwendung von Lavendel bei Schlafstörungen, Unruhe, Kopfschmerzen und funktionellen Kreislaufstörungen, aber auch bei nervösen Magen- und Darmbeschwerden ist wissenschaftlich anerkannt.

Botanische Beschreibung Der Lavendel ist im westlichen Mittelmeergebiet beheimatet. Bei uns ist er eine beliebte Gartenpflanze, zum einen wegen seines aromatischen Geruchs, zum anderen, weil er Ungeziefer vertreibt. Der dicht verzweigte Halbstrauch wird 30 bis 60 Zentimeter hoch und gehört zur Familie der Lippenblütler. Seine aufrechten Stängel tragen lineal-lanzettliche, graugrüne, am Rand eingerollte Blätter. Die blauvioletten Blüten stehen in lang gestielten, unterbrochenen Scheinähren.

Sammelzeit Zu arzneilichen Zwecken verwendet man Lavendelblüten aus Kulturen.

Inhaltsstoffe Ätherisches Öl, Flavonoide, Gerbstoffe, Kumarine, Phytosterole

Heilwirkungen Lavendel wird hauptsächlich zur Nervenstärkung und Beruhigung eingesetzt. Häufig sind Lavendelblüten ein

Bestandteil von Schlafkissenfüllungen. Auch bei Kreislaufstörungen und Kopfschmerzen findet die Heilpflanze Verwendung. Weitere Anwendungsgebiete sind Magen- und Darmbeschwerden sowie Rheuma und Gicht.

ANWENDUNG

Tee aus Lavendelblüten beruhigt Nerven, Magen und Darm, entkrampft bei Kopfschmerzen und fördert den Schlaf. Trinken Sie 1 Tasse Tee schluckweise.

- ☆ Teezubereitung: Übergießen Sie 2 Teelöffel Lavendelblüten mit ¼ Liter kochendem Wasser. Lassen Sie den Aufguss 5 bis 10 Minuten lang ziehen und seihen Sie ihn anschließend ab.
- ☆ Lavendelwein: Nehmen Sie 1 Esslöffel Lavendelblüten und lassen Sie sie kurz in ½ Liter Wein aufkochen. Nach dem Abkühlen seihen Sie ihn ab. Es wird empfohlen, bei nervösen Beschwerden täglich vor den Mahlzeiten bzw. vor dem Schlafengehen ein kleines Schnapsglas davon zu trinken.
- ☆ Bei Schlafstörungen und Nervosität verhilft ein Vollbad mit Lavendelblüten zur Entspannung. Bei niedrigem Blutdruck wirkt es eher anregend!
- ☆ Vollbad: Übergießen Sie 50 Gramm Lavendelblüten mit 1 Liter kochendem Wasser. Lassen Sie den Aufguss 10 Minuten lang ziehen und seihen Sie ihn anschließend ab. Geben Sie den Aufguss als Zusatz in das warme Badewasser. Das Bad sollte nicht länger als 10 Minuten dauern. Danach ausruhen.
- ☆ Lavendelöl aus der Apotheke wird für Einreibungen bei Kopfschmerzen und bei rheumatischen Erkrankungen verwendet.

DAS SOLLTEN SIE BEACHTEN

Lavendelöl sollte nur äußerlich angewendet werden. Bei der innerlichen Anwendung kann es bei Überdosierung zu Reizungen von Magen und Darm sowie zu Benommenheitsgefühlen kommen.

Liebstöckel *(Levisticum officinale)*

Badekraut, Gichtstock, Maggikraut, Nervenkräutel

Liebstöckel hilft bei Magenbeschwerden und Blähungen, das war schon zu Zeiten Karls des Großen bekannt. Es gab damals kaum einen Klostergarten, in dem die Pflanze fehlte. Als Aphrodisiakum verwendete man ihn wohl hauptsächlich wegen seines Namens – obwohl dieser lediglich eine Verballhornung des lateinischen Begriffs »*Levisticum*« darstellt. Liebstöckel wurde aber nicht nur als Liebestrank verwendet, sondern auch als Mittel, das vor bösem Zauber schützte. Er galt als wirksames Gegengift bei Schlangenbissen. Die moderne Medizin setzt Liebstöckelwurzeln bei Verdauungsbeschwerden und Blasenleiden ein. Auch als Gewürzpflanze ist das »Maggikraut« nach wie vor beliebt.

Botanische Beschreibung Der Liebstöckel stammt ursprünglich aus Westasien. Heute wird er in ganz Europa als Gewürz- und Heilpflanze kultiviert. Wild wachsend findet man ihn gelegentlich auf Gebirgswiesen. Der Liebstöckel ist eine ausdauernde, stark aromatisch riechende Pflanze aus der Familie der Doldenblütler. Der Geruch erinnert an Sellerie. Er wird 1 bis 2 Meter hoch. Seine rübenförmige Wurzel entsendet kahle, röhrige, oben stark verzweigte Stängel. Die dunkelgrünen, ledrigen Blätter sind 2- bis 3fach gefiedert und zur Spitze hin gezähnt. Die kleinen, gelbgrünen Blüten stehen in zusammengesetzten Dolden, geschützt von nach unten geschlagenen Hüllblättern.

Inhaltsstoffe Ätherisches Öl, Bitterstoffe, Gerbstoffe, Harze, Kumarine

Heilwirkungen Zu arzneilichen Zwecken verwendet man die Wurzel, seltener auch die im Spätherbst ausgereiften Früchte.

Liebstöckel regt die Verdauung an und wirkt entwässernd. Er ist deshalb ein wichtiger Bestandteil vieler wassertreibender Teemischungen und zahlreicher Magenbitter und Liköre. In der Volksmedizin verordnet man ihn auch bei Blasen- und Nierenleiden.

ANWENDUNG

Zur Durchspülung, Anregung von Magen und Darm sowie bei Migräne und krampfartigen Schmerzen trinken Sie 2 bis 3 Tassen Tee täglich.

- ☆ Teezubereitung: Übergießen Sie 2 Teelöffel Liebstöckelwurzel mit 1/4 Liter kaltem Wasser. Bringen Sie den Aufguss zum Kochen und seihen Sie ihn gleich darauf ab.
- ☆ Bei Blasenentzündungen hat sich eine Teemischung aus Liebstöckel, Süßholz, Hauhechel und Wacholderbeeren bewährt: Übergießen Sie 1 bis 2 Teelöffel der Mischung mit 1/4 Liter kochendem Wasser. Lassen Sie den Aufguss 5 bis 10 Minuten lang ziehen und seihen Sie ihn dann ab. Trinken Sie täglich 2 bis 3 Tassen von der Teemischung.
- ☆ Bei krankhafter Schweißabsonderung verordnet die Volksmedizin ein Vollbad: Übergießen Sie 50 Gramm Liebstöckelwurzel mit 1 Liter kaltem Wasser. Bringen Sie das Ganze zum Kochen und seihen Sie gleich darauf ab. Geben Sie den Aufguss als Zusatz in das warme Badewasser. Ein Liebstöckelbad sollte nicht länger als 15 Minuten dauern.

DAS SOLLTEN SIE BEACHTEN

Zu arzneilichen Zwecken verwendet man am besten Pflanzen aus Kulturen, weil der Liebstöckel mit anderen giftigen Doldenblütlern verwechselt werden kann. Empfindliche Personen können nach dem Hautkontakt mit der Pflanze allergische Reaktionen zeigen.

→ Liebstöckel sollte nicht über längere Zeit und nicht während der Schwangerschaft und Stillzeit verwendet werden.

Linde *(Tilia platyphyllos/Sommerlinde, Tilia cordata/Winterlinde)*

Bastbaum

Die Linde galt schon den Germanen als heiliger Baum. Noch im Mittelalter nahm sie in vielen Dörfern einen bevorzugten Platz ein: Unter ihrer mächtigen Krone wurde Gericht gehalten, aber auch geheiratet und gefeiert. Aus Lindenbast wurden Seile für den täglichen Gebrauch hergestellt, und Lindenholz lieferte das begehrte Rohmaterial für kunstvolle Holzschnitzereien. Zu allen Zeiten war die schweißtreibende Wirkung von Lindenblütentee bei Erkältungskrankheiten bekannt. Die Volksmedizin wendete ihn zudem als Beruhigungsmittel und bei Magenkrämpfen an. Jüngere Untersuchungen haben ergeben, dass Lindenblütentee in Verbindung mit Aspirin in vielen Fällen die Gabe von Antibiotika entbehrlich macht. Dies gilt besonders für die Behandlung von fiebrigen Infekten bei Kindern.

Botanische Beschreibung Die Linde ist in Süd- und Mitteleuropa verbreitet. Bei uns kommt sie meist als Park- und Alleebaum vor. Wild wachsend findet man sie in Laubmischwäldern. Der bis zu 30 Meter hohe Baum aus der Familie der Lindengewächse kommt bei uns in zwei Arten vor. Die etwas häufigere Winterlinde blüht ca. 14 Tage später als die Sommerlinde, hat kleinere, rostrot behaarte Blätter und vollere Blütenstände. Bei der Winterlinde setzen sich die Trugdolden aus 5 bis 11 Einzelblüten, bei der Sommerlinde aus nur 2 bis 5 Einzelblüten zusammen.

Sammelzeit Die Lindenblüten werden im Juni und Juli gesammelt, am besten kurz nach dem Aufblühen. Die ganzen Blütenstände werden mit dem pergamentartigen Hochblatt abgeschnitten und an einem schattigen, luftigen Ort schonend getrocknet. Lindenblüten sind sehr empfindlich und müssen unbedingt luftdicht verschlossen aufbewahrt werden.

Inhaltsstoffe Ätherisches Öl, Flavonoide, Gerbstoffe, Saponine, Schleimstoffe

Heilwirkungen Lindenblütentee wird vor allem als schweißtreibendes Mittel bei Erkältungskrankheiten und grippalen Infekten angewandt. Er wirkt fiebersenkend, hustenreizlindernd und regt die körpereigenen Abwehrkräfte – auch vorbeugend – an.

ANWENDUNG

Für eine Schwitzkur sollte der Tee möglichst heiß sein. Nachmittags ist die schweißtreibende Wirkung am stärksten.

- ☆ Teezubereitung: Übergießen Sie 2 Teelöffel Lindenblüten mit ¼ Liter kochend heißem Wasser. Lassen Sie den Aufguss etwa 10 Minuten lang ziehen und seihen Sie ihn dann ab.
- ☆ Als Badezusatz wirkt Lindenblütentee entspannend und beruhigend: Übergießen Sie 100 Gramm Blüten mit 2 Liter kochendem Wasser. Lassen Sie den Aufguss 10 Minuten lang ziehen und seihen Sie ihn dann ab. Dem Badewasser zugeben.
- ☆ Eine Lindenblütenauflage glättet kleine Fältchen und erfrischt müde Haut: Übergießen Sie 3 Teelöffel Lindenblüten mit ¼ Liter kochendem Wasser. Lassen Sie den Aufguss 10 Minuten lang ziehen, und seihen Sie dann ab. Wenn der Aufguss etwas abgekühlt ist, tränken Sie ein Leinen- oder Baumwolltuch damit. Morgens und abends für jeweils 10 Minuten auf das gereinigte Gesicht legen.

DAS SOLLTEN SIE BEACHTEN

Lindenblütentee ist nicht zum Dauergebrauch geeignet. Eine Überdosierung kann die Nierenfunktion in Mitleidenschaft ziehen.

Löwenzahn *(Taraxacum officinale)*

Kuhblume, Milchblume, Pfaffenröhrlein, Pusteblume

Löwenzahnblüten wurden früher dazu verwendet, die Butter appetitlich gelb zu färben. Aus den gerösteten Wurzeln stellte man eine Art Kaffee her. Die Volksmedizin verwendete den Löwenzahn auf vielfältige Weise. Das Anwendungsspektrum reichte von Leber-, Nieren- und Gallenblasenleiden über Rheuma und Gicht bis hin zu Hauterkrankungen und Augenentzündungen. Heute wird Löwenzahn vorwiegend für entgiftende Stoffwechselkuren und als Entschlackungsmittel eingesetzt. Wissenschaftlich anerkannt ist die innerliche Anwendung zur Linderung von Verdauungs- und Gallenblasenbeschwerden.

Botanische Beschreibung Der Löwenzahn ist in ganz Europa verbreitet. Er stellt wenig Ansprüche an seinen Standort und wächst letztendlich überall, wo sein Samen Halt findet. Die Pflanze aus der Familie der Korbblütler wird 20 bis 50 Zentimeter hoch und ist mit einer kräftigen Pfahlwurzel im Boden verankert. Ihre blattlosen, hohlen Stängel führen einen weißen Milchsaft. Die Blätter bilden eine grundständige Rosette, sie sind lanzettförmig und am Rand tief gesägt. Die endständigen Blütenköpfchen setzen sich aus zahlreichen gelben Zungenblüten zusammen; sie sind von zurückgeschlagenen Hüllblättern umgeben. Bei Fruchtreife wölbt sich der Blütenboden auf und hält die mit schirmförmigen Flugorganen versehenen Früchte in den Wind.

Sammelzeit Der Wurzelstock wird im Frühjahr ausgegraben, der Länge nach durchgeschnitten und an einem luftigen Ort zum Trocknen aufgehängt. Die Blätter werden vor der Blüte gesammelt und getrocknet.

Inhaltsstoffe Bitterstoffe, Karotine, Flavonoide, Gerbstoffe, Inulin, Schleimstoffe
Heilwirkungen Löwenzahn stärkt die Abwehrkräfte, regt den Stoffwechsel an und verbessert generell das Allgemeinbefinden. Er wirkt gallenflussfördernd, unterstützt aber auch Leber und Nieren in ihrer Funktion. Löwenzahn kräftigt das Bindegewebe.

ANWENDUNG

Zur Anregung von Nieren und Leber sowie zur Verdauungsförderung ist der Tee aus der Löwenzahnwurzel geeignet.

- ☆ Teezubereitung: Übergießen Sie 2 Teelöffel Löwenzahnwurzel und -kraut mit ¼ Liter kaltem Wasser. Bringen Sie den Aufguss zum Kochen und seihen Sie ihn nach 10 Minuten ab.
- ☆ Trinken Sie täglich 2 bis 3 Tassen Tee, zur Entschlackung oder bei Rheumaschmerzen auch kurmäßig über einen Zeitraum von 8 Wochen.
- ☆ Salat aus jungen Löwenzahnblättern liefert jede Menge Vitamine und kann die Teekur im Frühjahr ergänzen.
- ☆ Löwenzahnwein: Setzen Sie 50 Gramm Löwenzahnwurzeln mit Weißwein an, und seihen Sie ihn nach 8 Tagen ab. Trinken Sie täglich 1 kleines Schnapsglas Löwenzahnwein.
- ☆ Umschläge können die Behandlung von Hauterkrankungen und rheumatischen Erkrankungen unterstützen: Tränken Sie ein Leinen- oder Baumwolltuch mit heißem Wasser und wickeln Sie darin 3 Esslöffel frische, zerkleinerte Wurzeln ein. Fixieren Sie nun den Umschlag auf den schmerzenden Stellen.

DAS SOLLTEN SIE BEACHTEN

Der Milchsaft kann unter Umständen schleimhautreizend wirken – Stängel nicht in den Mund nehmen!

→ Liegt eine bekannte Allergie gegen Korbblütler vor, muss auf die Anwendung von Löwenzahn verzichtet werden.

Malve *(Malva sylvestris)*

Hasenpappel, Käspappel, Wegmalve, Allerkrankheitskraut

Schon die Griechen und Römer verwendeten Malvenarten gegen Verstopfung. Im Mittelalter galt das tägliche Trinken einer Tasse Malvensaft als beste Vorbeugung gegen sämtliche Krankheiten von Heiserkeit bis Epilepsie. Heute ist die Malve eine wissenschaftlich anerkannte Heilpflanze zur Linderung von Husten sowie zur Reizlinderung bei Entzündungen der Schleimhäute. Sie ist Bestandteil einiger standardisierter Fertigpräparate.

Botanische Beschreibung Die Wilde Malve gehört zu den Malvengewächsen *(Malvaceae)* und wächst auf Äckern, an Wegrändern und sonnigen Hängen. Die 40 bis 100 Zentimeter hohe zweijährige Pflanze besitzt eine starke Pfahlwurzel. Die Blüten, die den Blattachseln entspringen, sind rosa- bis lilafarben und weisen eine auffällige dunkle Längsstreifung auf.

Inhaltsstoffe Schleimstoffe, Gerbstoffe, ätherisches Öl

Heilwirkungen Verwendet werden die Blüten ohne Stiel, gelegentlich auch die Blätter. Dank ihres hohen Schleimstoffgehalts wirkt Malve vor allem reizlindernd, hilft aber nicht gegen verschleimte Bronchien!

ANWENDUNG

Bei Reizhusten, Heiserkeit und trockenen Halsschmerzen sowie bei Magenschmerzen empfiehlt es sich, bis zu 3 Tassen Tee über den Tag verteilt zu trinken oder damit zu gurgeln.

☆ Teezubereitung: Übergießen Sie 2 Teelöffel Blüten mit ¼ Liter kochendem Wasser. Lassen Sie den Aufguss 5 bis 10 Minuten lang ziehen und seihen Sie ihn dann ab.

Mariendistel *(Silybum marianum)*

Frauendistel, Fieberdistel, Magendistel, Stechkörner

Auch wenn die Mariendistel bereits im 1. Jahrhundert n. Chr. als Brechmittel bei Vergiftungen erwähnt wird, wurde sie erst durch Hildegard von Bingen ausführlich als eine hoch wirksame Heilpflanze gegen vielerlei Beschwerden beschrieben. Die Äbtissin empfahl sie zur Linderung von »stechenden Schmerzen«, gegen Herz- und Seitenstechen sowie bei Leber- und Gallenblasenleiden. Inzwischen ist die Leberschutzwirkung der Mariendistel wissenschaftlich anerkannt und wird auch von der Schulmedizin entsprechend eingesetzt. So fördert sie z. B. die Leberregeneration nach Vergiftungserscheinungen durch den Verzehr des hochgiftigen Knollenblätterpilzes oder nach Alkoholmissbrauch. Mariendistelextrakte sind als standardisierte Fertigzubereitungen (z. B. Kapseln) erhältlich.

Botanische Beschreibung Die Mariendistel gehört zur Familie der Korbblütler und ist in Südeuropa, Vorderasien und Nordafrika beheimat; aber auch hierzulande ist sie verwildert an warmen, trockenen Standorten anzutreffen. Die Mariendistel gehört zu den größten Disteln, da sie bis zu 1,50 Meter hoch werden kann. Ihre Blätter sind weiß marmoriert und dornig gezähnt. Charakteristisch für die Mariendistel sind ihre kugelförmigen, purpurroten Blüten, die von April bis August blühen. Wird der Blütenstand befruchtet, entwickeln sich schwarz glänzende oder gelblich gefleckte Früchte mit einer harten Schale.

Sammelzeit Im August und September werden die reifen Früchte mit der Schale gesammelt und getrocknet. Arzneilich verwendete Früchte stammen aus Kulturen.

Inhaltsstoffe Silymarin, ein Flavonoidgemisch, sowie Bitterstoffe, ätherische Öle, Vitamin E, Harz

Heilwirkungen Durch ihren hohen Gehalt an Silymarin kann die Mariendistel die Leber vor Giften schützen. Dieser Inhaltsstoff stabilisiert die Außenwand der Leberzellen, reguliert ihre Funktionen und fördert den Stoffwechsel dieses lebenswichtigen Organs. Die Gallensaft steigernde Wirkung der Heilpflanze beruht vor allem auf der relativ hohen Konzentration an Bitterstoffen. Daher wird sie oft auch zur Linderung von Verdauungs- und Gallenblasenbeschwerden eingesetzt. Die Volksmedizin schätzt die Mariendistel auch zur Behandlung von Krampfadern und Unterschenkelgeschwüren.

ANWENDUNG

Zur Regeneration der Leber bzw. als Begleitmaßnahme bei akuten oder chronischen Leberleiden, aber auch zur Vorbeugung vor Leberleiden empfiehlt sich ein Tee aus Mariendistelfrüchten, den Sie schluckweise 2- bis 3-mal täglich etwa 30 Minuten vor den Mahlzeiten mindestens 3 Wochen lang trinken sollten.

☆ Teezubereitung: Übergießen Sie 1 Teelöffel Mariendistelfrüchte mit ¼ Liter kochend heißem Wasser, und lassen Sie den Aufguss vor dem Abseihen 15 bis 20 Minuten lang ziehen.

DAS SOLLTEN SIE BEACHTEN

Bei ausgeprägten Leberfunktionsstörungen sind standardisierte Mariendistel-Fertigpräparate schneller und besser wirksam, da sie eine höhere Konzentration der Inhaltsstoffe enthalten als Tees. Zu Beginn der Therapie liegt die empfohlene Tagesdosis der Mariendistelextrakte bei 400 Milligramm pro Tag, nach einigen Wochen wird sie auf 200 Milligramm pro Tag gesenkt.

→ Bei bekannter Allergie gegen Korbblütler sollten Sie keine Mariendistelzubereitungen einnehmen.

Melisse *(Melissa officinalis)*

Bienenkraut, Mutterkraut, Frauenwohl, Herztrost, Honigblume, Zitronenmelisse

Die Melisse gehört zu den ältesten und beliebtesten Heilpflanzen, wobei sie ihren Bekanntheitsgrad hauptsächlich der Klostermedizin zu verdanken hat. So bauten die Benediktinermönche die Melisse hierzulande bereits seit dem 11. Jahrhundert als wichtige Heil- und Gewürzpflanze in ihren Klostergärten an. Schon damals schätzte man an der Melisse vor allem ihre beruhigende Kraft, die sowohl körperliche als auch seelische Leiden zu lindern vermochte. Auch Hildegard von Bingen pries die Melisse als eine herausragende Heilpflanze, die »die Kräfte 15 anderer Kräuter in sich« trage. Anfang des 17. Jahrhunderts entwickelten die Karmeliterinnen dann den alkoholhaltigen »Klosterfrau Melissengeist«, der als Universalmittel gegen eine Vielzahl von Leiden eingesetzt wurde. Heute ist das ätherische Öl der Melisse Bestandteil vieler standardisierter Fertigarzneien (z. B. Tropfen, Teemischungen), wobei der Melissengeist nach wie vor den größten Bekanntheitsgrad genießt. Vorsicht, wenn Sie selbst mischen wollen: Da das Melissenöl kostspielig ist, wird als Ersatz oftmals das billigere Zitronellöl gehandelt. Die Heilkraft der Melissenblätter bei nervös bedingten Einschlafstörungen sowie bei Verdauungsstörungen ohne organische Ursache ist wissenschaftlich anerkannt.

Botanische Beschreibung Die Melisse gehört zu den Lippenblütlergewächsen *(Lamiaceen)* und ist ursprünglich in Asien und dem östlichen Mittelmeerraum beheimatet. Heute wird sie vor allem in Kulturen oder in Gärten gezogen. Die Melisse ist eine ausdauernde, stark verästelte Pflanze mit einem vierkantigen Stängel und kann bis zu 90 Zentimeter hoch werden. Ihre länglichen eiförmigen Blätter duften vor der Blütezeit angenehm nach Zitronen. Die Melisse hat kleine weiße oder weißlich-gelbe Lippenblüten, die in den Blattachsen sitzen.

Sammelzeit Zu Heilzwecken werden die Blätter der Melisse verwendet. Geerntet werden sie vor der Blütezeit, die von Juni bis August dauert. Melissenblätter müssen schonend getrocknet werden, damit das ätherische Öl erhalten bleibt.

Inhaltsstoffe Ätherische Öle (u. a. Citronellal und Citral), Bitterstoffe, wenig Gerbstoffe, Flavonoide

Heilwirkungen Im Vordergrund steht die entspannende und krampfstillende Wirkung der Melisse, die auf dem hohen Gehalt an ätherischen Ölen beruht. So wirkt sie einerseits beruhigend bei nervös bedingten Herz-, Magen- und Darmbeschwerden. Andererseits ist sie ein sehr gutes Mittel bei Einschlafstörungen. Außerdem hilft Melisse gegen Blähungen und bei Appetitlosigkeit. Ihre antivirale Wirkung wird zur Behandlung von Infektionen durch das Herpes-Simplex-Virus eingesetzt: Dabei verhindert die Melisse das Andocken der Viren an die Zellen. Um die körpereigenen Abwehrkräfte zu steigern, wird eine Teekur mit Melissenblättern auch gern als Begleitmaßnahme bei Erkältungskrankheiten oder zur Vorbeugung von grippalen Infekten durchgeführt. Die Volksmedizin nutzt die Heilwirkungen der Melisse zudem bei Wechseljahrbeschwerden, Zyklusstörungen und Menstruationsbeschwerden. Als eine Pflanze, deren Duft Insekten vertreibt, ist sie darüber hinaus Bestandteil von selbst zubereiteten Insektenschutzölen. Gegen Insektenstiche soll eine Auflage aus frischen, zerstoßenen Melissenblättern helfen, vermutlich wegen ihrer antimikrobiellen Wirkung. Zur äußerlichen Anwendung kommt die Melisse daher auch bei der Behandlung von Fieberbläschen. Ihrer hervorragenden Eignung als Bienenpflanze verdankt sie einen ihrer Volksnamen. Und nicht zuletzt finden die jungen Triebe und Blätter gern Verwendung als aromatische Gewürzzutat in allerlei Suppen, Salaten, zu Gemüsen und Eierspeisen.

ANWENDUNG

Zur allgemeinen Beruhigung, auch bei Zahnschmerzen, Kopfschmerzen oder Stresserscheinungen, zur Linderung von nervös bedingten Verdauungsstörungen oder Herzbeschwerden empfiehlt sich ein Tee aus Melissenblättern, der mehrmals täglich schluckweise getrunken wird.

- ☆ Teezubereitung: Überbrühen Sie 2 bis 3 Teelöffel Melissenblätter mit 1/4 Liter heißem Wasser, und lassen Sie den Aufguss 10 Minuten zugedeckt ziehen. Seihen Sie den Tee dann ab und süßen Sie ihn eventuell mit Honig.
- ☆ Als Schlaftee können Sie die Melisse auch zu gleichen Teilen mit Baldrian, Hopfen und/oder Lavendel mischen und wie oben beschrieben zubereiten.
- ☆ Im Sommer ist der abgekühlte Melissentee ein erfrischendes und gesundes Getränk.
- ☆ Ein Vollbad mit Melisse als Badezusatz wirkt beruhigend und ausgleichend. Sofern man nicht zu lange und nicht zu heiß badet, fühlt man sich danach entspannt, ohne müde zu sein.
- ☆ Vollbad: Kochen Sie 80 Gramm Melissenblätter mit 1 Liter Wasser auf, und seihen Sie den Aufguss nach 20 Minuten ab. Geben Sie ihn nun in das Badewasser (34 bis 36 °C). Die Badedauer sollte nicht länger als 15 Minuten betragen. Halten Sie danach unbedingt eine halbstündige Ruhepause.

DAS SOLLTEN SIE BEACHTEN

Melisse gehört zu den besonders gut verträglichen Heilpflanzen und verursacht auch in höheren Dosen in der Regel keine Nebenwirkungen.

Mistel *(Viscum album)*

Hexenbesen, Drudennest, Donnerkugel, Vogelmistel

Als Heilpflanze wird die Mistel seit der Antike gerühmt. So empfahl Hippokrates sie gegen Erkrankungen der Milz, Plinius nannte sie die »Allesheilende«. Paracelsus erwähnte sie später auch als heilkräftiges Mittel gegen Epilepsie. Die Volksmedizin setzte die Mistel lange Zeit zur Behandlung so unterschiedlicher Krankheitsbilder wie Schwindel, Migräne, Unfruchtbarkeit, Geschwüre, Gicht und Ruhr ein. Pfarrer Kneipp war der Erste, der dieser Pflanze blutdrucksenkende Eigenschaften zuschrieb – bis heute ist Bluthochdruck eines der Hauptanwendungsgebiete der Mistel. Um 1925 entdeckte Rudolf Steiner die Mistel dann als Therapeutikum in der Krebsbehandlung. Seitdem wird die Wirkung der einzelnen Inhaltsstoffe in Mistelextrakten hinsichtlich ihrer Heilwirkung bei Tumorerkrankungen wissenschaftlich untersucht. Auch wenn eindeutige Ergebnisse bislang ausstehen, werden hoch dosierte Mistelextrakte heute als Begleitbehandlung bei bestimmten Krebserkrankungen, aber auch zur Milderung von Nebenwirkungen infolge einer Bestrahlung oder Chemotherapie in mehrwöchigen Behandlungszyklen direkt ins Unterhautfettgewebe gespritzt. Dieses Verfahren wird auch zur Behandlung degenerativer Gelenkerkrankungen, wie z. B. Arthrose oder bei Infektanfälligkeit eingesetzt. Für die Selbstbehandlung ist Mistelextrakt in Form von verschiedenen standardisierten Fertigzubereitungen (z. B. Kapseln, Tabletten, Teemischungen) erhältlich.

Botanische Beschreibung Die Mistel gehört zur Familie der Mistelgewächse und ist ein stark verästelter, immergrüner, kugeliger

Busch, der bevorzugt Eichen, Pappeln, Birken, Weiden und Tannen schmarotzt. Als halbparasitische Pflanze schädigt sie den Wirtsbaum nicht. Lediglich der Ast, an dem die Mistel nistet, treibt keine Blätter mehr. Ihre Wurzeln sind im Holz des Wirtsbaumes verankert. Die Blätter sind ledrig und umgekehrt länglich eiförmig. Ab November trägt die Mistel weißgelbliche Beeren, die von den Vögeln gefressen werden. Diese scheiden den klebrigen Beerensamen unverdaut aus und bilden damit auf dem Wirtsbaum den Grundstock für die Entstehung einer neuen Mistel.
Sammelzeit Zu Heilzwecken werden die ganz jungen Blätter im beginnenden Frühjahr geerntet und dann schonend getrocknet.
Inhaltsstoffe Viscotoxine, Lektine, Phenylpropane, Flavonoide, Saponine, Vitamin C, Harze und Schleimstoffe
Heilwirkungen Vermutlich auf ein bestimmtes Lektin sowie auf die Viskotoxine geht die Haupteigenschaft der Mistel zurück, die Immunabwehr zu steigern und – in hohen Dosen – vermutlich sogar Tumorzellen direkt abzutöten. Außerdem wirken die Inhaltsstoffe blutdrucksenkend.

ANWENDUNG

Zur Linderung von Herz-Kreislauf-Beschwerden oder als Begleitmaßnahme zur Behandlung von Bluthochdruck trinken Sie täglich morgens und abends eine 1 Tasse Misteltee. Da die Blätter nicht gekocht werden dürfen, setzt man den Tee kalt an.

☆ Teezubereitung: Übergießen Sie 2 gehäufte Teelöffel Mistel mit 1/4 Liter kaltem Wasser, und seihen Sie den Aufguss erst nach 12 Stunden ab. Erwärmen Sie den Tee vor dem Trinken, ohne ihn aufzukochen.

DAS SOLLTEN SIE BEACHTEN

In einigen Regionen steht die Mistel unter Naturschutz und darf deshalb nicht gesammelt werden.

Nachtkerze *(Oenothera biennis)*

Abendblume, Eierblume, Gelbe Rapunzel, Härekraut, Nachtschlüsselblume, Rübenwurzel, Schinkenkraut, Sommerstern, Stolzer Heinrich, Süßwurzel, Weinblume

Viele der Ureinwohner Nordamerikas kannten die Nachtkerze als Heilmittel zur Wundheilung sowie bei Magenverstimmungen und Nierenreizungen. Und die Cherokee schwören noch heute auf den Nachtkerzentee als wirksames Mittel gegen Fettleibigkeit. 1612 kam die Nachtkerze nach Europa, wurde aber lange Zeit nur als schöne Zierpflanze betrachtet. Die fleischige, rötliche Wurzel aß man allerdings als kräftigendes Gemüse. Erst im 20. Jahrhundert wurde auch außerhalb Amerikas die Heilwirkung ihrer Samen speziell für Haut und Haare erkannt.

Botanische Beschreibung Die Pflanze kann bis über einen Meter hoch werden und wächst auf trockenen, steinigen und sandigen Böden sowie in Steinbrüchen und auf Dämmen. Selbst bis in Höhen von über 1.000 Metern gedeiht sie noch problemlos. Sie ist eine zweijährige Pflanze, die große, wohlriechende Blüten besitzt, die sich erst gegen Abend öffnen und durch Nachtfalter bestäubt werden. Allerdings lassen schon die ersten Sonnenstrahlen die schönen gelben, roten oder weißen Blüten verwelken. Die etwa drei Zentimeter langen Früchte enthalten ungefähr 200 Samen, aus denen das fette Öl gewonnen wird.

Sammelzeit Die Blätter sammelt man zur Blütezeit, die Wurzeln gräbt man im Herbst aus und die Samen werden nach völliger Reife der Früchte im Sommer und im Herbst geerntet.

Inhaltsstoffe Die Nachtkerze enthält in nennenswerten Mengen Gerbstoffe in den Blättern sowie Schleimstoffe, einen hohen Anteil an Gamma-Linolensäuren (über 10 %) und ungesättigte Fettsäuren in den Samen. In den Wurzeln findet man Stärke, Eiweißkörper und Mineralstoffe.

Heilwirkungen Die Nachtkerze wurde schnell zu einer der begehrtesten Heilpflanzen. Insbesondere der hohe Anteil der mehrfach ungesättigten, essentiellen Gamma-Linolensäure ist bemerkenswert – in keiner anderen Pflanze wurde bisher ein derart hoher Anteil entdeckt. Dank dieser Inhaltsstoffe unterstützt die Nachtkerze den Aufbau einer Hautbarriere, verhindert damit das Austrocknen der Haut und stärkt deren Abwehrkraft. Außerdem wird der Prostaglandin-Haushalt normalisiert. Das Gewebshormon Prostaglandin fördert die Reifung der T-Lymphozyten in der Thymusdrüse und hemmt zudem die Bildung von Immunglobulin E (IgE), das für allergische Reaktionen verantwortlich ist. Die Folge ist, dass Juckreiz, Ekzeme oder Rötung bei Neurodermitis oder anderen Allergien durch Nachtkerzensamenöl deutlich gebessert werden können. Aber auch kosmetisch kann mit der Pflanze sozusagen von innen heraus viel erreicht werden, denn durch die Wirkung des Nachtkerzensamenöls auf die Prostaglandine wird die Talgabsonderung reguliert und so für eine schöne geschmeidige Haut gesorgt. Zweckmäßigerweise bietet sich die Einnahme von standardisierten Nachtkerzensamenöl-Produkten an, die man in der Apotheke kaufen kann.

ANWENDUNG ALS TEE

Die Blätter der Nachtkerze werden in der Volksmedizin als Tee gegen Durchfallerkrankungen und bei anderen Magen-Darm-Erkrankungen angewendet. Diese Heilwirkung besitzt die Pflanze durch die in den Blättern reichlich enthaltene Gerbsäure.

☆ Teezubereitung: Nehmen Sie 1 Teelöffel Blätter, und übergießen Sie diese mit ¼ Liter kochendem Wasser. Lassen Sie den Ansatz 10 Minuten lang ziehen und seihen Sie ihn dann ab. Trinken Sie davon täglich 3 Tassen.

Nelkenwurz *(Geum urbanun)*

Benediktenwurzel, Mannskraftwurz, Mauernelkenwurz, Märzkraut, Märzwurz, Nardenwurzel, Wilder Sanikel

Die Nelkenwurz ist in den Laubwäldern Europas und Asiens beheimatet. Früher wurde die getrocknete Wurzel als Ersatz für Gewürznelken *(Caryophyllatae rhizoma)* verwendet. Die Pflanze wurde als antidämonisch angesehen und war Bestandteil des Malefizpulvers, das als Schutzamulett vor giftigen Tieren diente. Im Mittelalter galten das dreizählige Blatt und die fünf Blütenblätter als Symbol für die Dreieinigkeit Gottes und die fünf Wunden Jesu. Wegen des intensiven Geruchs wurde die Nelkenwurz auch von Hildegard von Bingen erwähnt, die ihr den Beinamen »*Benedicta*« verlieh.

Botanische Beschreibung Die Echte Nelkenwurz ist eine 25 Zentimeter bis über einen Meter hoch wachsende Halbrosettenstaude aus der Familie der Rosengewächse. Der flaumig behaarte, dünne Stängel steht aufrecht und verzweigt sich nach oben hin. Die Blätter weisen eine Fiederung auf, und die kleinen hellgelben Blüten stehen in lockeren Blütenständen, aus denen sich kleine kugelige Früchte entwickeln. Diese Früchte haften wie Kletten am Fell von Tieren, was eine weite Verbreitung der Pflanze zur Folge hat. Die Blütezeit ist von Mai bis in den Oktober hinein. Die Nelkenwurz wächst sowohl im Halbschatten als auch in der Sonne auf bevorzugt stickstoffreichen Böden. Sie ist in ganz Europa und Asien bis in Ortschaften anzutreffen, aber auch im Wald und in Wiesen, an Gebüschen, Wegrändern und Mauern.

Sammelzeit Es werden vor allem die Wurzeln, aber auch die Blätter der Nelkenwurz zu Heilzwecken verwendet. Den Wurzelstock gräbt man kurz vor der Blüte im Mai aus und lässt ihn an der Luft trocknen. Das blühende Kraut wird unmittelbar über dem Erdboden abgeschnitten und gebündelt an einer luftigen, aber schattigen Stelle zum Trocknen aufgehängt.

Inhaltsstoffe Gerb- und Bitterstoffe und organische Säuren im Kraut, in den Wurzeln außerdem ätherisches Öl (Eugenol) und Zucker (Saccharose, Glucose, Fructose u. a.)

Heilwirkungen Wegen des hohen Gerbstoffgehalts der Wurzel ist die Pflanze sehr gut für die Behandlung von Durchfall und als adstringierendes (zusammenziehendes) Mittel mit breiter Anwendungsmöglichkeit geeignet. Bäder und Spülungen helfen bei Schleimhaut- und Zahnfleischentzündungen, Hauterkrankungen, offenen Beinen und Hämorrhoiden. Zudem soll die Pflanze aphrodisierend auf Männer wirken, was ihr den Namen Mannskraftwurz einbrachte. Das Kraut spielt im Vergleich zur Heilwirkung der Wurzel kaum eine Rolle, kann aber als Abkochung für Umschläge und Spülungen bei geringfügigeren Beschwerden gute Dienste tun.

ANWENDUNG

- ☆ Teezubereitung: Nehmen Sie 1 Teelöffel Wurzeln, und übergießen Sie diese mit ¼ Liter kochendem Wasser. Lassen Sie den Ansatz 10 bis 15 Minuten lang ziehen und seihen Sie ihn dann ab. Trinken Sie täglich 1 Tasse lauwarm.
- ☆ Spülung und Umschläge: Übergießen Sie 1 Teelöffel Wurzeln mit kaltem Wasser, kochen die Zubereitung auf und lassen sie etwa 10 Minuten köcheln. Zum Gurgeln verwenden Sie die Zubereitung nach dem Abseihen unverdünnt.

DAS SOLLTEN SIE BEACHTEN

Bewahren Sie Wurzeln und Kraut trocken und vor Licht geschützt auf. Nach etwa einem Jahr lässt die Wirksamkeit stark nach. Bisher sind Nebenwirkungen nicht bekannt.

Odermennig *(Agrimonia cupatoria)*

Ackerkraut, Ackermännchen, Ackermennig, Brustchrut, Fünfblatt, Griechisches Leberkraut, Hagemundiskraut, Königskraut, Lebenskraut, Leberklette, Magenkraut

Odermennig ist eine sehr alte Heilpflanze, die bereits in der Antike geschätzt wurde. Damals wurde Odermennig als Wundmittel, bei Schlangenbissen, Ruhr, Augenleiden und Gedächtnisschwund eingesetzt. Sie soll der Göttin Pallas Athene geweiht gewesen sein. Als weitere Heilanzeige kam dann später noch die Anwendung als Lebermittel hinzu. Im 15. und 16. Jahrhundert spielte Odermennig als Heilkraut eine bedeutende Rolle – insbesondere bei der Behandlung von Leberbeschwerden bzw. -erkrankungen. Später wurde er vor allem als Lieferant eines gelben Farbstoffs und zum Gerben benutzt.

Botanische Beschreibung Der bis zu 1 Meter hoch wachsende Odermennig kommt in allen gemäßigten Zonen der nördlichen Erdhalbkugel vor. Er bevorzugt sonnige, warme, trockene und lockere Böden. Am nur wenig verzweigten Stängel stehen große, bis zu 20 Zentimeter lange gefiederte Laubblätter. Am Ende des Stängels befindet sich ein Blütenstand mit kleinen gelben Blüten, der wie eine lockere Ähre aussieht. Die Früchte sind mit klettenartigen Häkchen versehen. Die Blätter verströmen beim Zerreiben einen angenehmen Duft und haben einen bitteren Geschmack.

Sammelzeit Verwendet werden die blühenden Sprossspitzen und die Blätter. Das Kraut wird während der Blütezeit von Juni bis September gesammelt, wobei die Qualität im Juni und Juli am besten ist. Man hängt das Kraut entweder gebündelt in einen trockenen Raum oder lässt es im Schatten trocknen.

entstanden die ersten Moralgebote, die u. a. auch verboten, Frauen des eigenen Clans zu heiraten (Gebot der Exogamie). Die Schuld gegenüber dem Vater wurde zur Quelle von Religion und Moral; so erhielt der Ödipuskomplex auch eine stammesgeschichtliche Komponente, denn Freud meinte zeitlebens, es gebe eine Vererbung erworbener Eigenschaften im Sinne Lamarcks.
Diese Theorie ist mehr als fragwürdig, aber in der Neurosenlehre war die Psychoanalyse beim Studium der Schuldgefühle wesentlich erfolgreicher. Sie verwies darauf, daß die Erfahrung der Schuldhaftigkeit irgendwie mit der Triebverdrängung verbunden sei. Eine entscheidende Rolle spiele dabei das Überich oder Gewissen; unter dem Druck der Erziehung wird diese moralische Instanz »über dem Ich« errichtet, und sie bestimmt darüber, welche Triebregungen zum Bewußtsein zugelassen werden. Ins Überich fließen bei unglücklichen Triebschicksalen und unsachgemäßer Pädagogik aggressive Energien ein; ein derart deformiertes Überich terrorisiert dann das Ich und das Es (die Triebhaftigkeit), wobei auch Schuldgefühle verwertet werden, um das Ich zu verkleinern und zu destruieren. So liegt unter Umständen in der Moral ein selbstzerstörerisches Moment – ein weiterer Berührungspunkt zwischen Nietzsche und Freud.
Schuld- und Schamerziehung gehen meistens Hand in Hand; zwei Jahrtausende christlicher Religiosität haben sich darum bemüht, den Menschen mit seiner Leiblichkeit zu entzweien, das heißt, aus ihm einen seelischen Krüppel zu machen, der sich wegen irrealer Schuld quält und durch Neurose um Glück und Selbstentfaltung betrogen wird.
Etwas anders formuliert Alfred Adler das Schuldthema. Auch er kannte die Selbstaggression der Depressiven und der Melancholiker, aber er deutete sie eher in Nietzsches Sinn. Nietzsche hatte gesagt, daß »alles Klagen eine Form der Anklage« sei. Demnach müsse man erraten, wen der Melancholiker mit seinen Selbstbeschimpfungen eigentlich beschimpfen wolle. Nach Adler wird die Umgebung solcher Menschen merklich herabgedrückt, und dies ist auch immer ein Ziel solcher »Stimmungsmache«. Des weiteren müsse man bedenken, daß in einem moralisierenden Milieu der Lebensirrtum entstehen könne, wer sich selbst erniedrige, sei moralisch hochstehend; jedenfalls legt die Bibel derlei nahe. So kann man also dem melancholischen Patienten bei guter therapeutischer Beziehung auf den Kopf zusagen, daß er in der Selbstanklage seine Feindseligkeit gegenüber anderen ausspricht, was nicht selten die Flut der Selbst-

beschuldigungen abebben läßt. So können nach Adler Schuldgefühle auch eine Lebenslüge sein, und der zur Ehrlichkeit mit sich selbst erzogene Patient verzichtet auf dergleichen »ethische Plusmacherei«.
In seiner späteren Lehre beschreibt Adler das Schuldgefühl als Äußerungsform des Gemeinschaftsgefühls im Menschen. Der Mensch gilt ihm als soziales Lebewesen, das mit einem angeborenen und anerzogenen Sozialinteresse ausgestattet sei: Jeder *Verstoß gegen die gemeinschaftlichen Verpflichtungen* (Arbeit, Liebe, Teilhabe an der Kultur, Einsatz für den Fortschritt usw.) werde vom Gewissen des Menschen mit Schuldgefühlen beantwortet, denn der Mensch sei »unrettbar moralisch«. So haben Depressive und Melancholiker durchaus Grund, sich schuldig zu fühlen, denn in ihrer Selbstbezogenheit und Lebensangst bleiben sie der Gemeinschaft tatsächlich viel schuldig, nur setzen sie meistens ihre Schuld am falschen Ort an. Die Therapie muß hier korrigierend eingreifen, indem sie den Schuldbegriff zurechtrückt; damit erkennt der Patient seine eigentlichen Lebensaufgaben, und erst indem er diesen gerecht wird, kann er die Stimme seines Gewissens beschwichtigen. Wer sich der Liebe und Verantwortung weitgehend entzieht, wird nie vom Gefühl der Schuld freikommen.
Ähnlich definiert auch die Daseinsanalyse von Ludwig Binswanger und Medard Boss die Schuldthematik. Beide Autoren gehen aus von Martin Heideggers Philosophie in *Sein und Zeit* (1927). Dort wird lapidar die Daseinsschuld des Menschen beschrieben als »Ursache für ein *Nicht*«. Das bedeutet wohl, daß der Mensch in seinem »Offenstehen für alles Sein« die unendlichen Bedeutungsbezüge der Welt wahrnimmt, aber in seinem Handeln und Verhalten immer nur Teilaspekte von Sinn verwirklichen kann. Daher bleibt er sich selbst und »allem Seienden« (zu dessen Hirt und Hüter er nach Heidegger bestellt ist) vielerlei schuldig; niemals fühlt er sich ganz von Schuld frei; diese Schuld gehört zu seinem Dasein. Boss folgert daraus, daß der Patient in der Psychotherapie meistens von uneigentlicher Schuld redet (neurotisches Schuldgefühl), wobei man ihn zur eigentlichen Schuld zurückführen müsse; er soll handeln und sich entscheiden lernen, und dadurch wird er frei von neurotischen Schuldgefühlen, die ihm die Sicht auf seine wahren Lebensaufgaben verstellen. Man erkennt ohne weiteres, daß damit dasselbe wie bei Adler ausgedrückt wird, nur um einiges komplizierter.
Ebenfalls eine aufschlußreiche Fassung gab unserem Thema der Freud-Schüler Otto Rank. In seiner »Willenstherapie« postuliert er

als Aufgabe des Menschenlebens, »Individualität« zu werden. Dies ähnelt dem Geburtsvorgang: Der Weg der Individualisierung führe durch einen Engpaß und sei mit Angst besetzt. Denn der Mensch tauche tief ins Kollektive ein, und jeder Schritt zur Selbstwerdung mobilisiere Ängstlichkeit, das heißt Furcht vor sozialer Isolierung. Das Kollektiv erzieht auch dazu, im Alleingang ein Verbrechen zu sehen; so ist Individuation fast immer mit Schuldgefühlen verbunden. Andererseits fühlt jeder Mensch tief in seinem Inneren die Aufgabe, ein einzelner zu werden; versäumt er diese Pflicht gegen sich selbst, so ist er ebenfalls Opfer der Schulderfahrung, nur versteht er in der Regel diesen »Gewissensruf« nicht, da man ihm von Kindheit an eingebleut hat, daß er allein gegenüber dem Kollektiv Pflichten hat. Man erzieht uns zur Selbstvergessenheit, und Neurose ist eine der Formen des Sich-selbst-Verfehlens, was immer auch als »Erkrankung des Willens« diagnostizierbar ist. Die Ranksche Willenstherapie will den Willen zum Selbstsein stärken.

Alle skizzierten Auffassungen scheinen einander zu widersprechen oder weichen doch so weit voneinander ab, daß es unmöglich scheint, sie auf einen gemeinsamen Nenner zu bringen. Und doch gibt es vielleicht eine umfassende Theorie, die den so divergenten Thesen einen Stellenwert zuweist, worin etwas richtig Gesehenes seine Anerkennung findet. Wir meinen, daß ein solches Theoriekonzept formulierbar ist.

Wir gehen aus von folgendem Satz, der eine Synthese von Existentialismus und Tiefenpsychologie anstrebt; er besagt:

Eigentliche Schuld wird erfahren, wenn der Mensch Urheber einer ontologischen Wertminderung im Kosmos und in sich selbst ist. Schuldfrei fühlt er sich dann, wenn er den Eigenwert steigert und / oder die Wertfülle der Welt zu erhalten oder zu vermehren fähig ist.

Zur Erläuterung dieses Theorems: Die Ontologie ist die Lehre vom Sein. In ihrer modernen phänomenologischen Ausprägung (bei Edmund Husserl, Martin Heidegger u. a.) geht sie davon aus, daß die Wirklichkeit verschiedenartigen Seinscharakter besitzt. Anders ist zum Beispiel das Sein eines materiellen Dinges, einer Pflanze, eines Tieres, des Menschen, menschlicher Werkzeuge, eines Kunstwerkes, eines wissenschaftlichen Lehrsatzes, einer Sitte oder Moral usw. Phänomenologische Ontologie untersucht die Seinsart dieser verschiedenen Formen des Seins und bekämpft alle Nivellierungstendenzen, die ontologische Rangordnungen verwischen und vertu-

schen wollen. So meinte etwa der Naturalismus des 19. Jahrhunderts, er könne aus der Darwinschen Abstammungslehre folgern, der Mensch sei »ein Tier wie alle anderen Tiere«; aber dieser Schluß ist unzulänglich, denn durch einige wesentliche Evolutionsschritte hat der Mensch das Tierreich hinter sich gelassen und ein neues Kapitel der Wirklichkeitsgestaltung begonnen. Auch war es gewiß ein Irrtum, menschliches und tierisches Wahrnehmen, Erkennen und Begehren gleichzusetzen; hier sind Ähnlichkeiten, aber keine Identitäten vorhanden. Lächerlich wird es gar, wenn man menschliche Kunstschöpfungen mit dem instinktiven Bauen von Nestern bei Vögeln, von Dämmen bei Bibern usw. vergleichen will. Des weiteren kann die menschliche Vergesellschaftung nicht aus dem Staatenbau der Insekten abgeleitet werden. Menschliches Sein und menschliches Tun sind eine ontologische Region sui generis.
Heidegger erklärt in seinem Buch *Sein und Zeit*, der Mensch habe ein originäres (ursprüngliches) Seinsverständnis. Damit wird gesagt, daß es wesensmäßig zu ihm gehört, die Seinsfülle der Welt und Wirklichkeit zu verstehen; aber Wissenschaft und Philosophie müssen ihm zu Hilfe kommen, um dieses diffuse Seinsverständnis klar zu artikulieren und Irrtümer der Denktradition zu beheben. Wer aber einigermaßen zur Vernunft (Vernunft kommt von »vernehmen«) erwacht, spürt die Seinsart jedes Seienden, und er ahnt, daß es Stufen des Seins gibt, die man auch Wertstufen nennen kann. Der »Wert« von Stein, Pflanze, Tier und Mensch ist verschieden; ein echtes Kunstwerk ist mehr wert als ein Werkzeug, das in Serienproduktion hergestellt wird; wissenschaftliche Erkenntnis ist mehr wert als bloße Meinung; sittliches Verhalten (was immer das sei) steht höher als reine Triebhaftigkeit (wenn es das überhaupt beim Menschen gibt) usw. Wo Menschen existieren, gibt es die Sicht auf ein Wertreich, das allerdings immer unkomplett und gelegentlich auch von Scheinwerten besetzt ist.
Man kann unseren Satz in Anlehnung an Kant den »ontologischen Imperativ« nennen, und er ist unseres Erachtens klarer und konkreter als der »kategorische«, der nur verlangt: »Handle so, daß die Maxime deines Willens zum Prinzip einer allgemeinen Gesetzgebung werden könnte.« Aber wie soll man nun wirklich handeln? Schon Schopenhauer bemängelte die Inhaltslosigkeit der Kantischen Forderung und setzte dagegen: »Schade niemandem, sondern hilf jedem, soviel du nur kannst!« Das ist gewiß deutlicher gesprochen, aber es reduziert die ethische Aufgabe auf eine helfende Verpflichtung gegenüber den Mitmenschen, und schon Schopenhauer

Quecke *(Agropyron repens)*

Ackergras, Flechtgras, Graswurzel, Hundsgras, Rechgras, Ruchgras, Wurmgras, Zwecke

Der Pflanzenname soll sich vom altgermanischen »kwikw« ableiten und frisch und lebendig bedeuten. Die Quecke ist auf der nördlichen Erdhalbkugel weit verbreitet und gilt gemeinhin als Unkraut. Denn im Garten nimmt sie sich schnell und reichlich Platz, sodass der Gärtner alle Hände voll zu tun hat, sie wieder loszuwerden, wenn sie einmal »Fuß gefasst« hat. Demgegenüber wird sie jedoch im landwirtschaftlichen Bereich als Futterpflanze besonders für Pferde gern gesehen. Auch in der Volksmedizin nahm die nährstoffreiche Queckenwurzel als harntreibendes und blutreinigendes Mittel einen hohen Rang ein.

Botanische Beschreibung Die zur Familie der Gräser gehörende Gemeine Quecke ist weit verbreitet und wächst bis zu einer Höhe von 1,50 Metern. Man findet das dem Weizen ähnelnde Gras an Äckern, in Gärten und an Wegrändern. Der zähe, verzweigte Wurzelstock kann mit seinen Ausläufern mehrere Meter lang werden. Der Stängel ist aufrecht und glatt, von ihm zweigen die grasartigen und schmalen Blätter ab. Die Blütezeit ist von Juni bis Juli.

Sammelzeit Für Heilzwecke wird der Wurzelstock von März bis April und von September bis Oktober ausgegraben. Man befreit die frische Wurzel von den Nebenwurzeln und trocknet sie gründlich bei geringer Hitze von etwa 50 °C im Backofen.

Inhaltsstoffe Kohlenhydrate (z. B. Tritizin), Schleimstoffe, viele Mineralsalze, Kieselsäure, Eisen, Zuckeralkohole (z. B. Mannitol und Inositol), ätherisches Öl, Saponine, Vitamine A und B

Heilwirkungen Die Quecke hat eine leicht diuretische (harntreibende) Wirkung, sodass sie bei Nieren- und Blasenentzündung, Prostatabeschwerden und Wasseransammlungen im Gewebe gute Dienste tut. Zudem eignet sie sich ideal als Frühjahrskur für die Blutreinigung. Die umfassende Entschlackung des Körpers macht sich vor allem auch bei Hautproblemen positiv bemerkbar. In diesem Zusammenhang wird sie auch als Mittel gegen Fußpilz eingesetzt. Auch für bessere Fingernägel und Haare kann durch die Anwendung der Quecke gesorgt werden.

ANWENDUNG

Bei Bronchitis und Husten sollten Sie täglich 3 Tassen langsam schluckweise trinken. Als Frühjahrskur zur Entschlackung des Körpers empfiehlt es sich, etwa 6 Wochen lang täglich 3 Tassen zusätzlich zu viel stillem Mineralwasser zu trinken.

- ☆ Teezubereitung: Nehmen Sie 2–3 Teelöffel der klein gehackten Wurzel, und setzen Sie diese mit 150 Milliliter kaltem Wasser an. Erhitzen Sie den Ansatz langsam bis zum Kochen, lassen Sie den Sud etwa 8 Minuten ziehen und seihen Sie dann ab.
- ☆ Gegen brüchige Fingernägel trinken Sie täglich 2 Tassen und baden die Finger zweimal täglich im Tee.
- ☆ Presssaft: Pressen Sie die frischen Wurzeln aus, und nehmen Sie mehrmals täglich 2 Esslöffel mit jeweils ¼ Liter Apfelsaft vermischt zu sich.
- ☆ Fußbad: Kochen Sie 1 Hand voll Wurzeln in 1 Liter Wasser auf. Lassen Sie die Mischung 10 Minuten köcheln und seihen Sie dann ab. Nehmen Sie viermal täglich jeweils 15 Minuten lang darin ein Fußbad.

DAS SOLLTEN SIE BEACHTEN

Achten Sie bei der Einnahme von Zubereitungen aus Quecke immer auf eine ausreichende Flüssigkeitszufuhr. Bei Ödemen, die aufgrund einer Herz- oder Niereninsuffizienz entstanden sind, sollte die Quecke nicht verwendet werden.

Ringelblume *(Calendula officinalis)*

Barometerblume, Butterblume, Goldblume, Warzenkraut
Sonnwendblume, Studentenblume, Totenblume

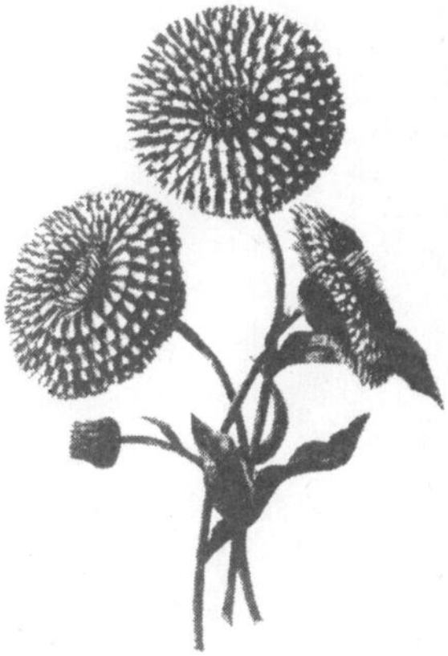

Bereits im Mittelalter wurde die Ringelblume bei Hautproblemen eingesetzt, und Albertus Magnus berichtete von ihr als Wundheilmittel. Zudem wird überliefert, dass mit den intensiv gelborangen getrockneten Blüten in früheren Zeiten der teure Safran gestreckt wurde und Frauen sich goldglänzende Haare von einer Spülung mit Ringelblumen versprachen. Sebastian Kneipp empfahl sie bei Krampfadergeschwüren, Wundliegen und verschiedenen Hautschäden. Eigentlich kommt die Pflanze aus den Mittelmeerregionen, fehlt aber in kaum einem mitteleuropäischen Kräuter- oder Ziergarten als üppig und lang blühende Blume sowie als Heilpflanze. Ihren Namen hat die Ringelblume wohl von ihren eingerollten bzw. geringelten Samen bekommen, dagegen bezieht sich ihr lateinischer Name *Calendula* vermutlich auf die lange Blütezeit über Monate *(calendis)* hinweg. Wegen der hautpflegenden und -beruhigenden Wirkung ist die Pflanze schon immer und auch noch heute bei der Herstellung von Kosmetika begehrt. Erst neuerdings wurden ihre Fähigkeiten bei der Therapie von Krebserkrankungen und Arteriosklerose entdeckt.

Botanische Beschreibung Die vorwiegend einjährige Ringelblume aus der Familie der Korbblütler *(Asteraceae)* wird etwa 30 bis 60 Zentimeter hoch. Der hellgrüne Stängel ist vielfach verzweigt, die Blätter behaart. Die Korbblüten weisen eine leuchtende orangegelbe Farbe auf und besitzen mit einem Durchmesser von 4 bis 7 Zentimeter eine beachtliche Größe. Die Pflanze bevorzugt tiefgründige, lehmige und nährstoffreiche Böden. Ihre lange Blütezeit von Mai bis Oktober macht sie zu einer häufigen und beliebten Gartenblume.

Sammelzeit Zu Heilzwecken verwendet man die ganzen Blütenköpfe oder aber nur die Strahlenblüten ohne Kelche. Es wird vorwiegend von Juni bis Oktober gesammelt, wobei der größte Gehalt an Wirkstoffen bei zunehmendem Mond gegeben sein soll. Die Blüten werden bei sehr trockenem Wetter eingebracht und schnell an einem luftigen Ort getrocknet.

Inhaltsstoffe Karotinoide, ätherische Öle, Calenduloside (Oleanolsäureglykoside mit hämolytischer Wirkung), wasserlösliche Polysacchariden, Bitterstoffe, Saponine, Flavonoide, Eiweißstoffe, Fettsäuren

Heilwirkungen Die Heilwirkung der Ringelblume ist selbst in der Schulmedizin insbesondere in der äußerlichen Anwendung unumstritten. Sie wirkt entzündungshemmend und desinfizierend, was sie besonders wundheilungsfördernd macht. Dies gilt auch für Entzündungen der Mund- und Rachenschleimhäute. Zudem fördert sie die Blutgerinnung, stillt den Wundschmerz und beschleunigt die Gewebeneubildung – auch bei vorher schlecht heilenden Wunden. Auch ist sie in der Lage, äußere Geschwüre zu zerteilen und die Abheilung zu fördern sowie Verstauchungen und Verrenkungen zu heilen. Die reichlich enthaltenen Karotinoide, die mit dem Vitamin A verwandt sind, verleihen nicht nur den Blüten ihre intensive Färbung. Durch diesen Wirkstoff hat die Ringelblume auch einen positiven Einfluss auf die Sehkraft und die Regenerationsfähigkeit der Haut. Lymphknotenschwellungen und -entzündungen gehören ebenfalls zu den Beschwerden, die mit der Pflanze wirksam behandelt werden können. Darüber hinaus wirkt die Ringelblume gegen Entzündungen von inneren Organen, gilt als pilz- und virenhemmend und neuerdings auch als anti-tumoral, wodurch sie vor allem in der Hautkrebstherapie eine nicht unbedeutende Rolle spielt.

ANWENDUNG

Teezubereitung: Nehmen Sie 2 Teelöffel getrocknete Blüten, und übergießen Sie diese mit 1/4 Liter kochendem Wasser. Lassen Sie den Ansatz 10 Minuten ziehen und seihen Sie dann ab. Trinken Sie davon täglich mehrere Tassen nicht zu heiß. Gurgeln sollten Sie mehrmals täglich etwa 1 Minute lang.

- ☆ Zur Wundheilung tränken Sie eine Kompresse mit Tee und legen sie auf die Wunde – bitte mehrmals am Tag wechseln.
- ☆ Tinkturzubereitung: Übergießen Sie frische Ringelblumenblüten in einem verschließbaren Glas mit 45 %igem Alkohol. Lassen Sie die Mischung etwa 3 bis 4 Wochen unter wiederholtem Schütteln stehen. Seihen Sie die Flüssigkeit in dunkle Flaschen ab. Pressen Sie die Rückstände gut aus. Bei Gebrauch als Gurgelwasser oder für die Wundbehandlung verdünnen Sie die Tinktur 1:4 mit Wasser.
- ☆ Salbenzubereitung: Schmelzen Sie 250 Gramm Lanolin langsam, und geben Sie 300 Gramm Ringelblumenöl sowie eine Hand voll frische Ringelblumenblütenblätter hinzu. Rühren Sie ständig und achten darauf, dass die Mischung keinesfalls zum Kochen kommt. Seihen Sie nach 15 Minuten ab und geben Sie 50 Gramm aufgelöstes Bienenwachs und dann 40 Gramm Ringelblumentinktur dazu. Tragen Sie die Salbe mehrmals täglich auf die zu behandelnde Stelle auf.
- ☆ Presssaft: Pressen Sie die Blüten aus, und tragen Sie den Saft auf die zu behandelnde Stelle auf. Der Presssaft hat sich insbesondere bei der Heilung von Warzen und Hühneraugen bewährt, lässt aber auch Insektenstiche rasch abschwellen.

DAS SOLLTEN SIE BEACHTEN

Sehr selten können bei der Anwendung der Ringelblume wie auch bei allen anderen Korbblütlern Allergien auftreten. Ansonsten ist bei normalen Dosierungen nicht mit Nebenwirkungen zu rechnen.

Rosskastanie *(Aesculus hippocastanum)*

Gemeine Rosskastanie, Pferdekastanie, Gichtbaum, Kestenbaum

Auch wenn der Kastanienbaum aus dem Ortsbild unserer Städte und Dörfer nicht mehr wegzudenken ist, so ist er ursprünglich auf dem Balkan und Kaukasus bis nach Indien beheimatet. Erst in der zweiten Hälfte des 16. Jahrhunderts gelangte er aus Nordgriechenland zu uns. Von Anfang an dienten die Samen als Mastfutter, Stärkelieferant und zur winterlichen Wildfütterung. Es wird überliefert, dass der Name von der Tatsache abgeleitet wurde, dass Rosskastanien keuchenden Rössern halfen wieder zu Kräften zu kommen. Die Kastanien wurden als Kaffeeersatz verwendet, und aus Kastanienmehl stellte man Leim, Wasch- und Haarpflegemittel her. Ein französischer Arzt entdeckte die Rosskastanie schließlich als wirkungsvolles Heilmittel gegen Hämorrhoiden, und heute gilt sie außerdem als wichtiges Venenmittel. Tragischerweise braucht die Rosskastanie heute selbst dringend Hilfe – eine aus Südosteuropa eingeschleppte Motte macht dem Baum das Leben schwer, so dass schon im August die Blätter braun werden und sehr frühzeitig abfallen. Und Hilfe gibt es derzeit nur eine: Das heruntergefallene Laub muss im Spätherbst radikal bis zum letzten Blatt entfernt werden, um den Motten die Möglichkeit der Überwinterung zu nehmen.

Botanische Beschreibung Der Baum aus der Familie der Rosskastaniengewächse kann bis zu 30 Meter hoch werden und einen Stammdurchmesser von 4,5 Metern erreichen. Er hat eine graubraune, glatte Rinde und eine dichte hochgewölbte Krone. In den Heimatgebieten soll es Bäume geben, die mehr als 1000 Jahre alt sind. Die Rosskastanie blüht von Mai bis Juni mit schönen weißen, 20 bis 30 cm hohen, aufrechten, kegelförmigen, reichblütigen Scheinrispen (auch als »Kerzen« bezeichnet). Die Blüten sind nur männlich oder zwittrig – sie werden durch Insekten bestäubt. Die Früchte der Rosskastanie reifen in einer weichen, stacheligen Fruchtkapsel, die ab September/Oktober aufspringt und den glänzend braunen Samen mit Nabelfleck, die eigentliche Kastanie, frei gibt. Trotz der Ähnlichkeit sind sie nicht mit der Esskastanie, einem Buchengewächs verwandt.

Inhaltsstoffe Ein komplexes Gemisch aus Saponinen: Der leicht kristallisierende Teil wird als Beta-Aescin bezeichnet, das wiederum ein Gemisch mehrerer Glykoside darstellt. Dazu kommen Flavonoide, Glykoside und Catechingerbstoffe.

Heilwirkungen Der Inhaltsstoff Aescin absorbiert ultraviolette Strahlen; er wird daher für Sonnenschutzmittel verwendet. Die Wirkstoffe insgesamt beschleunigen die Blutströmung und damit auch den venösen Rückfluss mit der Folge, dass Krampfadern, Hämorrhoiden, Unterschenkelgeschwüre und Venenentzündungen abklingen können. Zudem kräftigen und erweitern sie erschlaffte Venen, entwässern das Gewebe und helfen bei der Rückbildung von Schwellungen. Auch weisen sie eine entzündungshemmende, krampflösende und blutstillende Wirkung auf. Früher wurden auch Durchfall und Darmentzündungen mit Kastanientee behandelt. Von der innerlichen Anwendung als Tee wird jedoch ebenso abgeraten wie vom Verzehr der Kastanien.

ANWENDUNG

Für die äußerliche Behandlung oder als Badezusatz kann ein Aufguss hergestellt werden. Nehmen Sie hierzu 1 gehäuften Teelöffel Blätter, übergießen Sie diese mit ¼ Liter kaltem Wasser, kochen Sie den Ansatz kurz auf und seihen Sie nach 5 Minuten ab.

☆ Ansonsten sollten Sie auf die vielen Fertigpräparate in Form von Salben, Tropfen, Tabletten, Kapseln und Zäpfchen gegen Venenleiden zurückgreifen.

Ruprechtskraut *(Geranium robertianum)*

Gottesgnadenkraut, Hahnenblume, Robertsgeranium, Stinkender Storchschnabel, Wanzenblume

Die Pflanze ist fast in ganz Europa und Asien verbreitet und seit Jahrhunderten als Heilpflanze bekannt. Von Hildegard von Bingen wird sie im 12. Jahrhundert als Mittel gegen Blasensteine und Harnbeschwerden genannt. Im 17. Jahrhundert entdeckte man, dass das Ruprechtskraut auch gegen Geschwülste und Geschwüre sowie Brustentzündungen gute Heilwirkung zeigt. Wohl eher dem Bereich der Legenden ist die Überlieferung zuzuordnen, dass das Kraut vor Blitzschlag schützen soll.

Botanische Beschreibung Die einjährige Pflanze aus der Familie der Storchschnabelgewächse hat hell- bis dunkelgrüne Stängel und Blätter. Mitunter ist die ganze Pflanze auch auffallend karminrot gefärbt. Die Blätter stehen sehr dicht und haben weiche Drüsenhaare, die einen unangenehmen Geruch verströmen. Das Ruprechtskraut wächst bis zu 50 Zentimeter hoch, und der Stängel wird bis zu einem Zentimeter dick. Die Färbung der Blütenblätter reicht von rosa über karminrot bis lila. Die Pflanze findet man in Wäldern, auf Schutthalden, Mauern und Dächern.

Sammelzeit Das blühende Kraut wird von Mai bis September gesammelt, die Wurzel im März oder im Oktober ausgegraben.

Inhaltsstoffe Gerbstoffe, Bitterstoff Geraniin, ätherische Öle, Vitamin C

Heilwirkungen In der Volksmedizin hat sich das Ruprechtskraut als Adstringens und zur Wundheilung bewährt. Dass die Pflanze früher zu Recht bei Gebärmutterentzündung und Magengeschwüren angewendet wurde, haben neue Untersuchungen bestätigt. Es gilt heute als sicher, dass das Ruprechtskraut entzündungshemmend und blutstillend wirkt, dass es die Menstruation regeln hilft, dass es wirksam gegen Hämorrhoiden, Mund- und Rachenraumentzündung, Durchfall und Nasenbluten ist. Neueste Forschungen nähren die Hoffnung, dass Ruprechtskraut möglicherweise gegen Krebs eingesetzt werden kann.

ANWENDUNG

Zur Behandlung innerer Entzündungen und bei Durchfall trinken Sie täglich 2 Tassen Tee schluckweise. Bei Mund- und Rachenentzündungen können Sie mit abgekühltem Tee gurgeln. Die Tinktur eignet sich als Alternative zum Tee oder auch zur äußerlichen Anwendung.

- ☆ Teezubereitung mit Kraut: Nehmen Sie 2 Teelöffel Kraut, und übergießen Sie es mit ¼ Liter kochendem Wasser. Lassen Sie den Ansatz vor dem Abseihen 5 Minuten ziehen.
- ☆ Teezubereitung mit Wurzeln: Nehmen Sie 1 Teelöffel Wurzeln, und übergießen Sie diese mit ¼ Liter kaltem Wasser. Kochen Sie den Sud kurz auf und seihen Sie nach 10 Minuten ab.
- ☆ Tinkturzubereitung: Nehmen Sie 20 Gramm Kraut, und übergießen Sie es mit 150 Milliliter Alkohol. Lassen Sie die Mischung 5 Tage lang stehen und seihen Sie dann ab. Verdünnen Sie die Tinktur im Verhältnis 1:10 mit Wasser.
- ☆ Zur äußerlichen Anwendung bei Hautleiden, zum Abschwellen und zur Blutstillung haben sich Umschläge bewährt.
- ☆ Aufguss für einen Umschlag: Nehmen Sie 3 Teelöffel Kraut und übergießen Sie es mit ¼ Liter kochendem Wasser. Lassen Sie den Ansatz 5 Minuten lang stehen und seihen Sie dann ab.

DAS SOLLTEN SIE BEACHTEN

Ruprechtskraut kann bei empfindlichen Personen Magenreizungen auslösen, wenn die Dosierung nicht genau eingehalten wird.

Sanddorn *(Hippophae rhamnoides)*

Audorn, Dünendorn, Fasanenbeere, Haffdorn, Rote Schlehe, Sandbeere, Stranddorn, Weidendorn

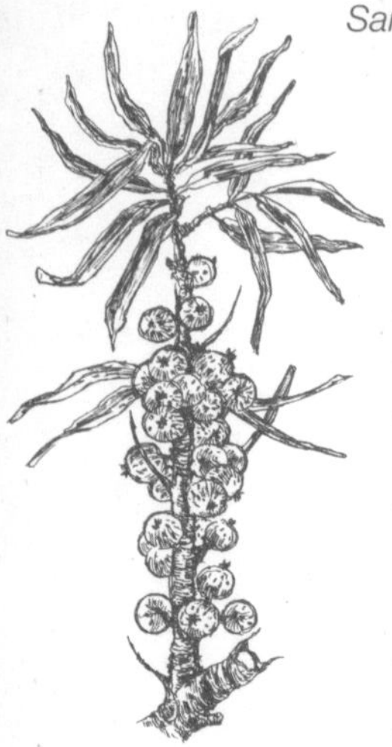

Der Sanddorn war als Heilpflanze lange Zeit nur regional verbreitet. Inzwischen ist jedoch seine große Heilwirkung überall bekannt, und der Saft der Früchte wird vor allem bei Erkältungen gern getrunken. Denn sein Gehalt an Vitamin C übertrifft sogar den der Zitrusfrüchte. Nach der letzten Eiszeit ist der Strauch auch in Nord-, Mittel- und Südeuropa anzutreffen, bei uns insbesondere im Nord- und Ostseebereich und in den Alpen. Neben seiner Funktion als Vitamin-C-Lieferant dient er vor allem als Windschutz zur Küstenbefestigung und zur Absicherung von Kahl- oder Ödlandflächen. Der Sanddorn kann unter extremen Bedingungen gedeihen. Er wird aber auch gerne als Zierstrauch in Gärten gezogen. In Deutschland, Italien, Russland und China wird er in großen Plantagen angebaut, und die Früchte werden industriell verarbeitet.

Botanische Beschreibung Der Sanddorn aus der Familie der Ölweidengewächse ist ein bis zu 3 Meter hoher sperriger Strauch mit grau-grünen, schmalen und fast stiellosen Blättern, die an Weidenblätter erinnern. Die Pflanze trägt unscheinbare grüne Blüten, aber im Herbst orangerot leuchtende Früchte, die eine leicht ovale Form haben. Diese Scheinbeeren umschließen eine nussähnliche Frucht.

Sammelzeit Die reifen orangeroten Früchte werden von September bis Oktober gesammelt.

Inhaltsstoffe Sehr hoher Anteil Vitamin C, dazu Provitamin A, Vitamin B, Vitamin E, Vitamin F, Vitamin P, Mineralstoffe, Flavonoide, Antocyane, Fruchtsäure, in den Samen fettes Öl

Heilwirkungen Die Scheinbeeren werden in Form von Säften, Konzentraten und Sirups als Vitamin-C-Spender sowohl akut als auch vorbeugend gegen Erkältungserkrankungen eingesetzt. Auch zur Anregung des Appetits nimmt man gern einen Schluck Sanddornsaft. Das fette Öl der Samen und des Fruchtfleisches wird bei äußerlicher Anwendung als Prophylaktikum und Therapeutikum bei Strahlenschäden der Haut (Röntgenstrahlen, Sonnenbrand) und zur Wundbehandlung verwendet. Zudem helfen die Wirkstoffe auch bei Zahnfleischbluten, allen Arten von Schleimhautentzündungen, schlecht heilenden Wunden und Hautausschlag, da die Wirkstoffe die Wundheilung und Epithelisierung (Bildung des obersten Haut- und Schleimhautgewebes) fördern. Mildernd wirkt Sanddornöl bei Verbrennungen und Hautallergien. Es ist auch bestens für die Babypflege geeignet.

ANWENDUNG

Traditionell wurden die Früchte zu Brei, Mus und Marmelade verarbeitet.

- ☆ Nehmen Sie 1 Kilogramm frische Sanddornbeeren, erhitzen Sie diese kurz und streichen Sie die Masse durch ein Sieb. Geben Sie reichlich Honig oder 1 Kilogramm Zucker dazu, und rühren Sie etwa 15 bis 20 Minuten, bis eine dickflüssige Masse entsteht. Nehmen Sie davon mehrmals täglich 1 Teelöffel pur oder als Brotaufstrich.
- ☆ Zum Gurgeln kann ein Aufguss verwendet werden: Nehmen Sie 10 Gramm der Sanddornbeeren und übergießen Sie diese mit 200 Milliliter heißem Wasser. Lassen Sie den Ansatz 5 Minuten lang stehen und seihen Sie ihn dann ab.

DAS SOLLTEN SIE BEACHTEN

Der Sanddorn steht unter Naturschutz, daher dürfen Sie nur die Früchte pflücken und nicht ganze Zweige abbrechen!

Schafgarbe *(Achillea millefolium)*

Achilles, Balsamgarbe, Blutkraut, Gänsezungen, Garbenkraut, Grillenkraut, Grundheil, Judenkraut, Kachelkraut, Lämmlizung, Schafrippl, Schafzunge, Tausendblatt, Wundkraut

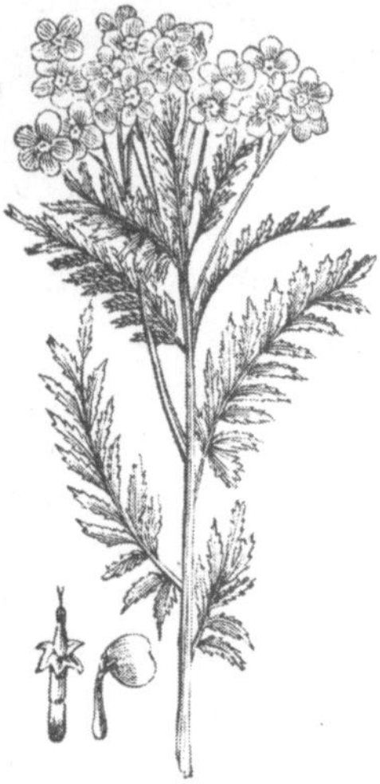

Die Schafgarbe wird schon in griechischen Überlieferungen als Heilpflanze erwähnt. So soll Achilles nach der Schlacht um Troja die Wunden eines Kampfgefährten erfolgreich mit ihr behandelt haben. Heute ist die Schafgarbe allerdings nicht mehr an den Küsten des Mittelmeeres zu finden, denn sie bevorzugt die gemäßigten Zonen der nördlicheren Gebiete in Europa. Im Mittelalter empfahl auch Hildegard von Bingen die Schafgarbe zur Behandlung von Wunden. Zudem hatte sie den Ruf, gut gegen Beschwerden der Verdauungsorgane und gegen Frauenleiden zu wirken.

Botanische Beschreibung Die Pflanze gehört zur Familie der Korbblütler, ist schwach behaart und wächst bis zu 60 Zentimeter hoch. Aus dem Wurzelstock treiben im Frühling Blattsprossen und aufrechte, erst oben im Blütenstand verzweigte Stängel, die zäh und reißfest sind. Die kleinen Blüten oben am Stängel sind weiß bis gelblich. Sie blühen je nach Standort von Juni bis September. Die Pflanze ist auf trockenen Wiesen, an Wegen und auf verwilderten Grundstücken anzutreffen.

Sammelzeit Es wird die gesamte oberirdische Pflanze ohne Wurzeln von Juni bis September gesammelt. Zum Trocknen bündelt man sie und hängt sie an einem schattigen luftigen Ort auf. In manchen Regionen werden nur die Blütenstände geerntet und getrocknet – sie gelten als die bessere Droge, sind jedoch angesichts der geringen Menge nicht so ergiebig. Zuweilen werden auch die frischen Blüten verwendet.

Inhaltsstoffe Ätherisches Öl mit den Hauptbestandteilen Sabinen, Kampfer und Zineol, Bitterstoffe (Sesquiterpene), Flavonoide und Gerbstoffe
Heilwirkungen Die Wirkstoffe entfalten choleretische (die Gallenabsonderung in den Leberzellen anregende), antibakterielle, adstringierende (zusammenziehende) und krampflösende Wirkung. Die Schafgarbe hat sich dementsprechend bei Appetitlosigkeit, Blähungen, Brandwunden, Durchfall, Geschwüren, Gallenkoliken, Hämorrhoiden, Menstruationsbeschwerden, Schleimhautentzündungen, Schürf- und Stichwunden, Verdauungsschwäche sowie zur Wundheilung gut bewährt.

ANWENDUNG

Trinken Sie zur Krampflösung und Entzündungshemmung täglich 3 Tassen Tee mäßig warm in kleinen Schlucken.

- ☆ Teezubereitung: Nehmen Sie 3 Teelöffel Blüten, und übergießen Sie diese mit 3 Tassen kochendem Wasser. Lassen Sie den Ansatz 15 Minuten lang ziehen und seihen Sie dann ab. Oder nehmen Sie 2 gehäufte Teelöffel zerbröseltes Kraut, und übergießen Sie es mit ¼ Liter kochendem Wasser. Lassen Sie den Ansatz 15 Minuten ziehen und seihen Sie dann ab.
- ☆ Sie können auch täglich 3 x 20 Tropfen Tinktur zusammen mit Wasser oder Tee einnehmen: Setzen Sie 45 Gramm Kraut in ¼ Liter 70 %igem Alkohol an, lassen Sie die Mischung 8 Tage lang ziehen und seihen Sie dann ab.
- ☆ Für ein Vollbad nehmen Sie etwa 150 Gramm Kraut und übergießen es mit 2 Liter kochendem Wasser. Lassen Sie den Ansatz 20 Minuten lang ziehen und seihen Sie dann ab. Die Flüssigkeit setzen Sie dem Badewasser zu. Um bei einem Sitzbad das etwa gleiche Mischungsverhältnis zu erreichen, setzen Sie entsprechend weniger Aufguss zu. Insgesamt sollte das Mischungsverhältnis von 100 Gramm Kraut auf 20 Liter Badewasser nicht überschritten werden.

Schlüsselblume *(Primula veris)*

Apothekerprimel, Auritzel, Frauenschlüssel, Gichtblume, Himmelschlüssel, Märzen, Peterschlüssel, Petriblume, Primel

Die Blume gilt als Symbolpflanze für den sich gegen die kalte Jahreszeit durchsetzenden Frühling. Es wird die Legende überliefert, wonach die Pflanze aus dem Himmelsschlüsselbund des heiligen Petrus auf die Erde gefallen sein soll. Tatsächlich ähnelt der Blütenstand einem Schlüsselbund. Im Mittelalter setzte man sie gegen Schlaganfall und Gicht ein. Auch der Schönheit sollte sie helfen, und als Fruchtbarkeitsmittel setzte man große Hoffnung in sie. Neue Untersuchungen haben zumindest ihre auswurffördernde Wirkung bestätigen können, sodass sie heute vor allem als Mittel gegen festsitzenden Schleim und hartnäckigen Husten zum Einsatz kommt.

Botanische Beschreibung Die mehrjährige, bis zu 30 cm hohe Schlüsselblume gehört der Familie der Primelgewächse an. Ihre weißlich-grünen Blütenkelche zeigen sich bereits ab April. Der Wurzelstock bildet zahlreiche Faserwurzeln aus. Die Pflanze ist in Zentral- und Ostasien sowie in ganz Europa beheimatet und vor allem auf feuchten und ungedüngten Wiesen sowohl im Flachland als auch im Hügel- und Bergland anzutreffen. Verwandt ist die etwas größere, schwefelgelb blühende Waldschlüsselblume *(Primula elatior)*.

Sammelzeit Von der Schlüsselblume werden für Heilzwecke sowohl die Blüten (April bis Mai) als auch die Wurzeln (Oktober) verwendet. Wie alle Primelarten ist die Schlüsselblume heutzutage geschützt. Der Bedarf in der Naturheilkunde wird durch Kulturen abgedeckt.

Inhaltsstoffe Triterpensaponine, vor allem Primulasäure A und Phenolglykoside (Primverin, Primulaverin), Flavonoide, Gerbstoffe, Kieselsäure, Saponine

Heilwirkungen Die Wirkstoffe weisen sekretverflüssigende und auswurffördernde Eigenschaften auf. Deshalb wird die Schlüsselblume in erster Linie bei hartnäckigem Husten und chronischer Bronchitis angewendet. Zudem kann sie wegen ihrer harntreibenden Wirkung auch bei Beschwerden der Harnwege gute Dienste leisten. Gerade die Kombination der beiden Faktoren macht sie beim so genannten Altershusten zum Mittel der Wahl, denn zur Förderung des Schleimauswurfs kommt noch die entlastende Wirkung der Wasserausscheidung hinzu.

ANWENDUNG

Der Tee wird nicht nur bei Bronchitis, sondern auch gegen Kopfschmerzen und Migräne, nervöse Herzbeschwerden und Schlaflosigkeit empfohlen.

- ☆ Teezubereitung: Nehmen Sie 1 Teelöffel gehackte Wurzeln oder 2 Teelöffel Blüten, und übergießen Sie diese mit ¼ Liter kochendem Wasser. Lassen Sie den Ansatz 10 Minuten lang ziehen und seihen Sie dann ab. Trinken Sie mehrere Tassen täglich.
- ☆ Sirupzubereitung: Nehmen sie 1 gehäuften Teelöffel gehackte Wurzeln, kochen Sie diese mit nur wenig Wasser 5 Minuten lang auf, seihen Sie die Flüssigkeit ab und geben Sie so viel Honig dazu, dass ein dickflüssiger Sirup entsteht.

DAS SOLLTEN SIE BEACHTEN

Vereinzelt können bei der Einnahme Magenbeschwerden und Übelkeit auftreten. Wegen der die Gebärmutter stimulierenden Wirkung sollten Schwangere vorsichtshalber ganz auf die innerliche Anwendung verzichten.

Schöllkraut *(Chelidonium majus)*

Drudenmilch, Gilbkraut, Goldkraut, Schälkraut, Schwalbenkraut, Teufelsmilchkraut, Trudenmilch, Warzenkraut

Als wenn die Pflanze die Nähe zu Menschen suchte, wächst sie überall dort, wo sich auch Menschen aufhalten: In ganz Europa ist das Schöllkraut, an Wegrändern, an Mauern und Häusern sowie in Parks anzutreffen. Für spielende Kinder ist das nicht ungefährlich, denn alle Pflanzenteile sind durch die enthaltenen Alkaloide giftig. Aber wie die anderen Mohngewächse spielte auch das Schöllkraut in den vergangenen Jahrhunderten als Heilpflanze eine bedeutende Rolle. So weiß man aus Überlieferungen, dass es schon von den Griechen bei Gelbsucht, Leberschwellung, Gallensteinen und Verstopfung offenbar erfolgreich angewendet wurde. Auch im Mittelalter gehörte das Schöllkraut in diesen Bereichen zu den bewährten Heilkräutern. In neuerer Zeit wurde die Pflanze als Mittel gegen Asthmaanfälle entdeckt.

Botanische Beschreibung Das Schöllkraut kann je nach Standort bis zu einem Meter heranwachsen. Die Pflanze erblüht in leuchtend gelber Farbe von Mai bis Oktober, wobei immer wieder neue Blüten wachsen. Auffällig ist, dass die Blüten nur vier Blättchen aufweisen. Der runde Stängel verzweigt sich mehrmals, bis er oben in den kleinen Blüten endet. Werden Blätter oder Stängel abgerissen, tritt aus der Bruchstelle ein milchiger gelber Saft aus. Die Fruchtkapseln sind etwa 5 Zentimeter lang und enthalten kleine schwarze Samen.

Sammelzeit Alle Bestandteile der Pflanze werden zu Heilzwecken verwendet. Das Kraut wird von April bis Mai gesammelt, die Wurzeln werden von August bis Oktober ausgegraben.

Inhaltsstoffe Vor allem im gelben Milchsaft, aber auch in den anderen Pflanzenteilen kommen eine Reihe von Alkaloiden, wie z. B. Chelerythrin, Chelidonin, Spartein, Chelidoxanthin und Sanguinarin vor. Einige der Alkaloiden stehen den Opiumalkaloiden nahe. Zudem sind in der Pflanze Karotinoide, Bitterstoffe, Pflanzensäure, Flavonoide und Saponine enthalten.
Heilwirkungen Die Wirkstoffe entfalten eine krampflösende, galletreibende, schmerzstillende und beruhigende Wirkung, sie lindern auch asthmatische Hustenanfälle. Die uralte Anwendung des Schöllkrauts gegen Gallenleiden und Darmbeschwerden wird auch heute noch praktiziert.

ANWENDUNG

Häufig bringt das Schöllkraut bei Warzen und Hühneraugen rasche Abhilfe, obwohl bis heute niemand weiß, warum.

- ☆ Pressen Sie den gelblichen Milchsaft direkt aus dem Stängel auf die betroffenen Stellen.
- ☆ Ein Umschlag hilft bei Darmkrämpfen und Hühneraugen: 5 Esslöffel einer Mischung von Kraut und Wurzel mit 1 Liter Wasser aufkochen. Lassen Sie den Ansatz bei geschlossenem Deckel und geringer Hitze 10 Minuten lang köcheln. Seihen Sie dann ab, und lassen Sie die Flüssigkeit auf Körperwärme abkühlen. Tränken Sie ein Leinen- oder Baumwolltuch mit dem Sud, und legen Sie es 3 x täglich je 10 Minuten lang auf die schmerzende Körperpartie.

DAS SOLLTEN SIE BEACHTEN

Bei inneren Anwendungen von Schöllkraut ist es ratsam, sich vorher mit einem Arzt zu besprechen. Man geht heute davon aus, dass es die Leber schädigen kann, keinesfalls sollte es bei bekannter Lebererkrankung und in zeitlichem Zusammenhang mit Alkohol und Medikamenten angewendet werden.

Seifenkraut *(Saponaria officinalis)*

Hustenwurzel, Rote Seifenwurzel, Waschlaugenkraut

Seit dem Altertum wurde die krautartige, widerstandsfähige Pflanze als schonendes, aber intensives Reinigungsmittel benutzt. Doch auch als Heilpflanze speziell für Hautkrankheiten war sie in der traditionellen Medizin begehrt.

Botanische Beschreibung Das Seifenkraut wächst in ganz Europa, Westasien und Nordamerika in kühleren gemäßigten Zonen. Es ist eine einjährige Pflanze, die bis zu 70 Zentimeter groß wird. Der Stängel wächst aus einem stark verzweigten Wurzelstock und bildet oft erst im oberen Teil Zweige. Daran findet man flaumig behaarte, teilweise rot gefärbte Blätter mit schwach duftenden weiß bis rosa Blüten.

Sammelzeit Die Wurzeln werden im Frühjahr/Herbst und die Blätter während der Blütezeit (Juni bis September) gesammelt.

Inhaltsstoffe Saponine (5 %), Flavonglykosid, ätherische Öle

Heilwirkungen Durch den hohen Anteil an Saponinen steht naturgemäß die Behandlung von Husten und bronchialen Erkrankungen an erster Stelle. Seifenkraut ist häufig Bestandteil von so genannten Blutreinigungs- und Entschlackungstees.

ANWENDUNG

☆ Teezubereitung: Nehmen Sie 1 gehäuften Teelöffel zerkleinerte Wurzeln, und übergießen Sie diese mit ¼ Liter kaltem Wasser. Lassen Sie den Ansatz 4 Stunden lang ziehen und kochen Sie dann kurz auf. Seihen Sie ab und pressen Sie den Sud gut aus. Trinken Sie davon täglich 2 Tassen schluckweise oder gurgeln Sie damit.

Sonnentau *(Drosera rotundifolia)*

Bauernlöffel, Engelkraut, Fliegenfalle, Himmelstau, Immertau, Marienträne, Rossolikraut, Sintau, Sonnenlöffelkraut, Wettertau

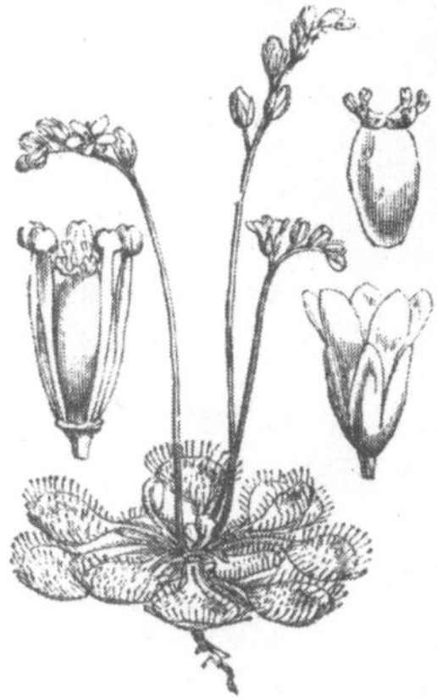

Den Überlieferungen zu Folge scheinen sich vor Jahrhunderten zuerst die Ärzte in den Mittelmeerländern mit den Heilwirkungen des Sonnentaus befasst zu haben. Die Pflanze findet man in allen europäischen Moorgebieten, sie steht heutzutage jedoch unter strengem Naturschutz. Dies ist deshalb notwendig geworden, weil inzwischen fast alle Moore und Feuchtheiden in Mitteleuropa nahezu vollständig zerstört und in Acker- und Weideland umgewandelt wurden. Damit wurde dem Sonnentau weitgehend der Lebensraum entzogen. Der Bedarf für die Naturheilkunde wird aus diesem Grund bei uns mit Importen anderer Drosera-Arten vor allem aus den großen Mooren und moorigen Wiesen Russlands, Nordamerikas und anderer Regionen gedeckt.

Botanische Beschreibung Die Pflanze aus der Familie der Sonnentaugewächse wird nur etwa 10 bis 20 Zentimeter hoch. Auf der Oberfläche der Blätter sind kleine abstehende Drüsenhaare angebracht, an deren Spitze Tröpfchen hängen, die in der Sonne glänzen. Es handelt sich aber nicht um Tau, wie der Hauptname vermuten lässt, sondern um abgesonderte Sekrete, die kleine Fliegen anlocken sollen. Denn die Pflanze kann sich aus dem extrem mineralstoffarmen Moorboden nicht ausreichend ernähren, sodass sie auf andere Nahrung angewiesen ist. Sie lockt Fliegen an, die an den Drüsenhaaren kleben bleiben und vom Pflanzensaft verdaut werden. An der Spitze der blattlosen Stängel erblühen von Juni bis August kleine weiße kelchförmige Blüten. Für Heilzwecke wird die ganze blühende Pflanze getrocknet.

Inhaltsstoffe Gerbstoffe, Flavonoide, Schleimstoffe, eiweißabbauende Enzyme, Naphthochinonverbindungen

Heilwirkungen Die im Sonnentaukraut enthaltenen Wirkstoffe haben schleimlösende, krampflösende und hustenstillende Eigenschaften. Die Heilpflanze hat sich daher bei krampfartigem Husten und Reizhusten sowie generell bei Erkrankungen der inneren Atemwege (Bronchitis, Keuchhusten, Asthma etc.) gut bewährt. Zurückzuführen ist die Wirksamkeit vor allem auf die Naphthochinonverbindungen. Zudem werden seit langer Zeit Auszüge aus dem Sonnentaukraut äußerlich zur Behandlung von Warzen, Hühneraugen und Sommersprossen angewendet.

ANWENDUNG

Nachdem bei uns kein Sonnentau gepflückt werden darf und auch keine frischen Pflanzen im Handel sind, empfiehlt es sich, auf Pflanzenextrakte als Fertigarzneimittel auszuweichen. Getrocknete Pflanzen sind aber in den Reformhäusern erhältlich, sodass die Zubereitung eines Aufgusses möglich ist.

- ☆ Teezubereitung: Nehmen Sie 1 gehäuften Teelöffel getrocknetes Sonnentaukraut, und übergießen Sie es mit ¼ Liter kochendem Wasser. Lassen Sie den Ansatz 10 Minuten ziehen, seihen Sie ab und süßen Sie mit Honig. Trinken Sie täglich zwei Tassen schluckweise.
- ☆ Handelt es sich um die ebenfalls in großen Mengen importierte Drosera madagascariensis, ist eine höhere Dosierung erforderlich, um eine signifikante Wirkung zu erzielen. Achten Sie bitte – wie immer – auf die Dosierungsangaben auf der Packungsbeilage.

DAS SOLLTEN SIE BEACHTEN

Wenden Sie die Heilpflanze nicht während der Schwangerschaft und keinesfalls in der Stillzeit an.

Spitzwegerich *(Plantago lanceolata)*

Aderblatt, Heilwegerich, Lungenblatt, Rippenkraut, Rossrippe, Schafzunge, Siebenrippe, Spießkraut, Spitzfederich, Wegetritt

Der Spitzwegerich ist eine der ältesten angewendeten Heilpflanzen, denn aus Überlieferungen wissen wir, dass er bereits bei den Assyrern gegen Schwellungen eingesetzt wurde und für die alten Griechen das Wundheilmittel schlechthin war. Es wird behauptet, dass sich die Anwendung des Spitzwegerichs als Mittel gegen Verletzungen bis in die Steinzeit zurückverfolgen lässt. Tatsächlich ist die Pflanze eine Notfall-Hilfe bei Verletzungen, wenn zunächst weder Pflaster noch Desinfektionsmittel zur Hand sind: Ein paar Spitzwegerichblätter intensiv zerkauen, auf die Wunde auflegen und mit einem Tuch oder Ähnlichem fixieren.

Botanische Beschreibung Der Spitzwegerich kommt in ganz Europa sowie in Nord- und Mittelasien vor und ist an Wegrändern, auf trockenen Wiesen, Feldern, Weiden und Schuttplätzen zu finden. Die Pflanze aus der Familie der Wegerichgewächse wird bis zu 40 Zentimeter hoch und besitzt einen ausdauernden Wurzelstock, aus dem im Frühjahr sehr zeitig lanzettartige Blätter austreiben, die auffällig längsadrig sind. Der Spitzwegerich hat eher unscheinbare Blüten, die an einem kahlen Stängel aus der Mitte der Rosette entspringen. Seine Frucht ist eine kleine Deckelkapsel, in der zwei Samen zu finden sind. Er gehört zu den am häufigsten vorkommenden Heilpflanzen in unseren Breiten.

Sammelzeit Die Blätter werden während der Blütezeit von Mai bis August gesammelt. Man muss sie sehr vorsichtig trocknen, weil der antibiotisch wirkende Stoff Aucubin sehr empfindlich reagiert und schnell abbaut. Die Blätter können rasch schwarz

werden. Aus diesem Grund empfiehlt es sich, im Sommer ausschließlich frische Pflanzen zu verwenden.
Inhaltsstoffe Das Glykosid Aucubin, Schleimstoffe, Flavonoide, Gerbstoffe, Kumarine, Kieselsäure, Mineralstoffe, Vitamin C
Heilwirkungen Neben der traditionellen Anwendung bei der Wundheilung hat sich der Spitzwegerich als ein gut wirksames Hustenmittel und allgemein bei Erkrankungen der Atemwege bewährt. Die antibiotische Wirkung konnte man neuerdings wissenschaftlich nachweisen. Zudem wird der Pflanze auch eine nicht unbedeutende Hilfestellung bei der Nikotinentwöhnung nachgesagt.

ANWENDUNG

Die Zubereitungen können bei Husten, Bronchitis, Keuchhusten und andererseits Magen- und Darmschleimhautentzündungen sowie Eierstockentzündungen angewendet werden. Der abgekühlte Tee eignet sich für Umschläge und Spülungen, etwa bei Bindehautentzündung.

☆ Teezubereitung: Nehmen Sie 2 Teelöffel Blätter, und übergießen Sie diese mit 1/4 Liter kochendem Wasser. Seihen Sie nach 10 Minuten ab, und süßen Sie mit Honig. Trinken Sie davon 3 Tassen täglich, wobei die erste am Morgen unmittelbar nach dem Aufstehen getrunken werden sollte.

☆ Sirup: Pressen Sie frische Blätter (im Winter den nicht abgeseihten Tee) durch ein Tuch oder verreiben Sie diese in einem Mörser, und fügen Sie etwas Wasser hinzu. Bringen Sie die Mischung zum Kochen, und geben Sie reichlich Honig hinzu, bis ein dickflüssiger Sirup entsteht.

☆ Ein Gurgelwasser hilft bei Mund- und Rachenschleimhautentzündungen: Nehmen Sie 2 Teelöffel Blätter, und setzen Sie diese mit 150 Milliliter warmem Wasser an. Lassen Sie den Ansatz bei gelegentlichem Umrühren etwa 2 Stunden ziehen, und seihen Sie dann ab.

Steinklee *(Melilotus officinalis)*

Honigklee, Mottenkraut, Schabenklee, Traubenklee

In früheren Jahrhunderten wurde der Steinklee mit Erfolg bei der Ungezieferbekämpfung eingesetzt, worauf auch die volkstümlichen Namen hinweisen. Dieser damals sicherlich nützliche Effekt der Pflanze wird jedoch vom naturheilkundlichen Wert stark in den Schatten gestellt, denn besonders bemerkenswert ist die Wirkung des Steinklees gegen Venenleiden. Das Hauptanwendungsgebiet sind dementsprechend Krampfadern und Hämorrhoiden.

Botanische Beschreibung Der Steinklee ist in Europa und Asien verbreitet und wächst vor allem auf kiesigem Grund. Die zweijährige Pflanze aus der Familie der Schmetterlingsblütengewächse wird bis zu 80 Zentimeter hoch, manche Exemplare an besonders idealen Standorten erreichen auch eine Höhe von 150 Zentimetern. Die gelben Blüten werden sehr gerne von Bienen besucht. Es fällt schon beim Vorbeigehen auf, dass der Pflanze ein intensiver Geruch nach Kumarin entströmt. Dieses Aroma wird beim Trocknen des Krauts noch wesentlich stärker.

Sammelzeit Man sammelt das ganze Kraut während der Blütezeit von Juni bis August.

Inhaltsstoffe Melilotin, ein Kumaringlykosid, Flavonoide, Saponine, in den Blüten etwas ätherische Öle

Heilwirkungen Die Inhaltsstoffe verbessern offensichtlich die Blut- und Lymphströmung, denn Kumarine verlangsamen die Blutgerinnung. Die innerliche Anwendung hilft deshalb auch bei Beschwerden der chronisch-venösen Insuffizienz (wie Schmerzen, Schwellungen und Schweregefühl in den Beinen, nächtliche

Wadenkrämpfe, Juckreiz und Schwellungen) und zur unterstützenden Behandlung von Thrombophlebitiden (Entzündung der Venen), postthrombotischem Syndrom, Lymphstauungen und Hämorrhoiden. Die Pflanze kann auch vorbeugend gegen Embolien eingesetzt werden. Die äußerliche Anwendung konzentriert sich auf Verstauchungen, Prellungen und oberflächliche Blutergüsse.

ANWENDUNG

Bei Venenschwäche, Wadenkrämpfen und Lymphstauungen trinken Sie 2 bis 3 Tassen Tee täglich.

- ☆ Teezubereitung: Nehmen Sie 1 bis 2 Teelöffel getrocknetes Steinkleekraut, und übergießen Sie es mit 150 Milliliter kochendem Wasser. Lassen Sie den Ansatz 10 Minuten lang ziehen und seihen Sie dann ab.
- ☆ Ein Umschlag lindert das Schwere- und Stauungsgefühl in den Beinen: Tränken Sie ein Lein- oder Baumwolltuch mit dem Tee, und legen Sie den Umschlag mehrmals täglich auf.
- ☆ Ein Sitzbad wird 2-mal täglich gegen Hämorrhoiden angewendet: Nehmen Sie etwa 100 Gramm getrocknetes Steinkleekraut, und übergießen Sie es mit 1 Liter kochendem Wasser. Lassen Sie den Ansatz 10 Minuten lang ziehen, seihen Sie ab und pressen Sie die Rückstände aus.

DAS SOLLTEN SIE BEACHTEN

Die Frischpflanze ist für therapeutische Zwecke weniger geeignet, denn nur das im Schatten getrocknete Steinkleekraut entwickelt wirksame Mengen der wertvollen Kumarine.

→ Bitte nicht während Schwangerschaft und Stillzeit oder gleichzeitig mit anderen gerinnungshemmenden Präparaten einnehmen!

→ Bei längerfristiger Anwendung besteht die Gefahr von Leberschäden. Fragen Sie im Zweifelsfall Ihren Arzt.

Stiefmütterchen *(Viola tricolor)*

Ackerveilchen, Dreifaltigkeitskraut, Feldveilchen, Freisamkraut, Fronsamkraut, Nachtveigerl, Tag-und-Nacht-Blume

Das Stiefmütterchen aus dem Ziergarten *(Viola wittrockiana)* ist leider medizinisch wirkungslos, so dass man sich in die freie Natur begeben muss, will man an den durchaus bemerkenswerten Heilkräften dieser Pflanze teilhaben. Dort allerdings kann man auch auf das häufig vorkommende Ackerstiefmütterchen *(Viola arvensis)* treffen, das in der Heilwirkung dem Wilden Stiefmütterchen *(Viola tricolor)* kaum nachsteht. Gut bewährt haben sich diese Arten bei der Behandlung von Hauterkrankungen bei Kindern. Insbesondere Milchschorf bei Säuglingen kann mit dem Stiefmütterchen erfolgreich behandelt werden. Früher wurde es auch für die Blutreinigung, zur Stoffwechselanregung, gegen Gelenkbeschwerden, Osteoporose, Nervosität und Verstopfung eingesetzt.

Botanische Beschreibung Die Pflanze aus der Familie der Veilchengewächse ist in den meisten Regionen Europas und Asiens beheimatet und wächst an Äckern und trockenen Wiesen. Das Wilde Stiefmütterchen ist eine aufrecht wachsende ein- bis zweijährige Pflanze, die bis zu 30 Zentimeter hoch wird. Die schönen auffallenden Blüten zeigen verschiedene leuchtende Farben von weiß über gelb bis blau und violett. Es können an einer Pflanze auch verschiedenfarbige Blüten vorkommen.

Sammelzeit Gesammelt wird das blühende Kraut von Mai bis August. Es muss rasch an einem luftigen schattigen Platz getrocknet werden.

Inhaltsstoffe Flavonoide (Rutosid), Anthocyane, Salicylsäureverbindungen, Schleimstoffe, Karotinoide, Kalzium, Magnesium, Vitamin E und C

Heilwirkungen Die blutreinigenden, fiebersenkenden, stoffwechselanregenden, entzündungshemmenden, antioxidativen und schmerzstillenden Wirkstoffe des Stiefmütterchens haben sich bei vielen Hautproblemen von Akne über Schuppenflechte bis hin zu Nesselfieber gut bewährt. In diesen Bereichen sticht die Pflanze gegenüber anderen hervor, die ähnliche Indikationen aufweisen. Vergleichbare Erfolge kann sie noch bei der Behandlung von trockenem Husten, Katarrhen der oberen Atemwege, Keuchhusten und fiebrigen Erkältungen aufweisen.

ANWENDUNG

Eine Teekur kommt insbesondere bei Hautunreinheiten (Akne) oder Milchschorf zum Einsatz.

- ☆ Teezubereitung: Nehmen Sie 2 Teelöffel Kraut und übergießen Sie es mit ¼ Liter heißem Wasser. Lassen Sie den Ansatz 10 Minuten ziehen, und seihen Sie ab. Trinken Sie 8 Wochen lang 3-mal täglich 1 Tasse nach den Mahlzeiten.
- ☆ Bei Erkrankungen der Atemwege gurgeln Sie täglich mehrmals mit dem Tee.
- ☆ Natürlich können Sie auch Umschläge machen: Nehmen Sie 3 Esslöffel zerkleinertes Kraut, und übergießen Sie es mit ¼ Liter kochendem Wasser. Lassen Sie den Ansatz 10 Minuten lang ziehen und seihen Sie ab. Tränken Sie damit ein Lein- oder Baumwolltuch, und legen Sie mehrmals täglich etwa 10 Minuten lang den lauwarmen Umschlag auf. Bei chronischen Hauterkrankungen sollte die Behandlung mindestens 4 Wochen andauern.

DAS SOLLTEN SIE BEACHTEN

Nur bei enormer Überdosierung kann der Tee bei manchen Menschen Hautallergien, Brechreiz und Durchfall, in ganz seltenen Fällen sogar Veränderungen des Blutbildes auslösen.

Tausendgüldenkraut *(Centaurium erythraea)*

Roter Aurin, Bitterkraut, Centorelle, Erdgallenkraut, Fieberkraut, Laurinkraut, Magenkraut, Sanktorikraut

Schon die Ärzte des Altertums kannten das Tausendgüldenkraut als Heilpflanze, die man sowohl äußerlich bei der Wundbehandlung als auch innerlich bei Magenverstimmungen mit Erfolg anwenden kann. Der lateinische Name soll von dem Centauren Chiron abgeleitet worden sein, der damit die Wunde an seinem Fuß, die ein Pfeil verursacht hatte, geheilt haben soll. Dass die Heilpflanze so viel wie »tausend Gulden wert« sei, hat ihr wohl ihren deutschen Hauptnamen eingebracht. Bei uns steht das Tausendgüldenkraut unter Naturschutz und darf nicht gesammelt werden. Es ist jedoch als Import beispielsweise aus Ungarn, Bulgarien und Nordafrika im Handel erhältlich.

Botanische Beschreibung Die Pflanze ist auf der Nordhalbkugel und bis nach Nordafrika weit verbreitet. Anzutreffen ist sie bei uns auf gerodeten Flächen und sonnigen Wiesen bis auf 1.400 Meter Höhe. Die zweijährige Pflanze aus der Familie der Enziangewächse wird bis zu 40 Zentimeter hoch. Im ersten Jahr wächst nur eine Blattrosette. Die hellrosa bis roten, manchmal auch weißen Blüten wachsen erst im zweiten Jahr an einem aufrechten, erst oben verzweigten Stängel. Das Tausendgüldenkraut blüht von Juli bis Oktober.

Wirkstoffe Die Bitterstoffe Gentiopikrin, Swertiamarin, Centaurosid, Amarogentin sowie Xanthone, Flavonoide, Triterpene und Phenolcarbonsäurederivate

Heilwirkungen Für Heilzwecke wird das blühende Kraut ohne die Blattrosette am Boden verwendet. Die Bitterstoffe der Pflanze fördern die Speichel- und Magensaftsekretion, wirken anregend auf die Beweglichkeit der Magenschleimhaut und unterstützen die Entleerung des Magens. Auch die Gallesekretion wird angeregt. Bei der Anwendung von Tausendgüldenkraut wurden zudem entzündungshemmende und fiebersenkende Wirkungen beobachtet.

ANWENDUNG

Zur Vorbeugung von Verdauungsstörungen trinken Sie täglich vor den Mahlzeiten eine Tasse ungesüßten Tee, ein Gläschen Wein oder nehmen Tropfen ein. Der Tee schmeckt sehr bitter, und Süßen hilft kaum etwas dagegen. Aber denken Sie daran, dass gerade die Bitterstoffe für die gute Heilwirkung verantwortlich sind.

- ☆ Teezubereitung: Nehmen Sie 1 gehäuften Teelöffel gut zerkleinertes Kraut mit Blüten, und übergießen Sie es mit ¼ Liter kochendem Wasser. Lassen Sie den Ansatz 8 Stunden lang bei gelegentlichem Umrühren ziehen, und seihen Sie dann ab.
- ☆ Wein: Nehmen Sie 60 Gramm Kraut mit Blüten, und setzen Sie es in 1 Liter leichtem, aber fruchtigem Weißwein an. Geben Sie zur Geschmacksverbesserung 2 zerschnittene Orangen samt Schale hinzu, und lassen Sie die Mischung etwa 10 Tage lang stehen. Seihen Sie dann ab, und füllen Sie den Wein in eine Flasche. Vor jeder Mahlzeit ein Gläschen trinken.
- ☆ Tinktur: Nehmen Sie 50 Gramm Kraut, und setzen Sie es in ¼ Liter 70 %igem Alkohol an. Lassen Sie den Ansatz etwa 7 Tage lang ziehen, wobei Sie das Gefäß ab und an etwas schütteln sollten, und seihen Sie dann ab. Nehmen Sie davon vor dem Mittag- und Abendessen jeweils 20 Tropfen ein.

DAS SOLLTEN SIE BEACHTEN

Bei Magen- oder Darmgeschwüren sollten Sie von der Einnahme von Tausendgüldenkraut absehen.

Thymian *(Thymus vulgaris)*

Demut, Hühnerkohl, Feldkümmel, Immenkraut, Römischer Quendel, Welscher Quendel, Wurstkraut

Schon im Altertum und im Mittelalter war der Thymian als Heilpflanze sehr geschätzt. Hippokrates und Dioskurides erwähnten ihn, und auch im »*Capitulare*« Karls des Großen wird er aufgeführt. Albertus Magnus und Hildegard von Bingen kannten und verwendeten ihn gerne. Das ätherische Öl wurde bereits 1589 im *Dispensatorium Noricum* (dem »Nürnberger Arzneibuch«) erwähnt. Im gesamten südeuropäischen Raum ist der Halbstrauch mit dem intensiven Geruch ein altbekanntes Heilkraut, das vor allem im felsigen, sonnigen Gelände wild wächst und zudem in großem Stil angebaut wird. Begehrt ist Thymian insbesondere wegen seiner kräftigenden, stimulierenden Wirkung – sein Name wurde vom Griechischen »*thymos*« (Kraft, Mut) abgeleitet. Heute ist der Thymian in erster Linie eine der beliebtesten Gewürzpflanzen.

Botanische Beschreibung Der in nördlichen Breiten einjährige Thymian aus der Familie der Lippenblütler ist ein Halbstrauch, der bis zu 30 Zentimeter hoch wird. Aus der kräftigen, nach unten zunehmend verzweigten Pfahlwurzel wachsen aufrechte Stängel, die sich nach oben hin stark verästeln. Die Laubblätter sind am Rand eingerollt und an der Unterseite dicht behaart. Die Blüten sind in Ähren angeordnet und sind blass-rötlich gefärbt. Sie blühen von Mai bis Oktober.

Sammelzeit Das blühende Kraut vom oberen Teil der Pflanze wird am besten von Mai bis Juli gesammelt, weil bei Beginn der Blüte und an heißen und sonnigen Tagen der Wirkstoffgehalt am höchsten ist. Die Triebe werden gebündelt oder ausgebreitet und schonend getrocknet.

Inhaltsstoffe Bis zu 5,4 % ätherisches Öl mit Thymol und Carvacrol, p-Cymen, Camphen, Limonen und anderen Monoterpenen, Gerbstoffe, Flavonoide, Triterpene

Heilwirkungen Die Wirkstoffe haben bronchospasmolytische (in den Bronchien krampflösende), auswurffördernde und antibakterielle Eigenschaften. Damit sind sie gut wirksam gegen Asthma, Bronchitis und grippale Infekte, aber auch bei Magen- und Verdauungsbeschwerden sowie Entzündungen im Mund- und Rachenraum. Dass Thymian auch harntreibend wirkt und damit bei Blasen- und Nierenbeschwerden erfolgreich angewendet wird, scheint auf die Flavonoide zurückzuführen sein.

ANWENDUNG

Verwenden Sie Thymiantee nur in akuten Fällen und nicht über längere Zeit.

- ☆ Teezubereitung: Nehmen Sie 1 gehäuften Teelöffel Thymiankraut, und übergießen Sie es mit ¼ Liter kochendem Wasser. Lassen Sie den Ansatz 10 Minuten lang zugedeckt ziehen, und seihen Sie ab. Mehrmals täglich 1 Tasse warm trinken.
- ☆ Entkrampfend wirkt ein Vollbad: Nehmen Sie 500 Gramm Thymiankraut, und übergießen Sie es mit 5 Liter kochendem Wasser. Lassen Sie den Ansatz 15–20 Minuten lang ziehen, seihen Sie ab und geben Sie die Flüssigkeit in das Badewasser.
- ☆ Zum Gurgeln nehmen Sie 2 gehäufte Esslöffel Thymiankraut, und bedecken es mit ¼ Liter Wasser. Lassen Sie es 10 Tage lang ziehen, und seihen Sie dann ab.

DAS SOLLTEN SIE BEACHTEN

Bei Überdosierung muss mit Übelkeit, Erbrechen und Leibschmerzen gerechnet werden. Bei der Langzeitanwendung von thymolhaltigen Mundwässern wurden Überfunktionen der Schilddrüse beobachtet.

Vogelknöterich *(Polygonum aviculare)*

Angerkraut, Hühnergras, Saugras, Wegtritt, Zehrgras

Schon früh entdeckte man die Wirksamkeit der Heilpflanze gegen Husten und Lungenleiden sowie bei Entzündungen der Mund- und Rachenschleimhaut. Vogelknöterich war als Schweine-und Vogelfutter sehr begehrt.

Botanische Beschreibung Die einjährige Pflanze aus der Familie der Knöterichgewächse kann bis zu 50 Zentimeter groß werden, wächst aber auch dicht am Boden. Aus dem mehrköpfigen kurzen Wurzelstock mit ebenso kurzen Erdwurzeln sprießen die Stängel, die nur in der aufrecht wachsenden Pflanze kräftig werden. Zwischen Mai und Oktober erscheinen die winzigen trichterförmigen, rosaroten bis grünlichweißen Blüten.

Inhaltsstoffe Lösliche und unlösliche Kieselsäure, Flavonoide, Gerbstoffe, Kumarine und Schleim

Heilwirkungen Die Wirkstoffe der Heilpflanze haben adstringierende (zusammenziehende) und gering auswurffördernde Eigenschaften. Nach neueren Untersuchungen wurde auch eine ACE-Hemmung nachgewiesen, weshalb man nun auch positive Einflüsse auf Bluthochdruck annimmt.

ANWENDUNG

Am wirksamsten ist Vogelknöterich in einer mehrwöchigen Kur gegen Husten, Bronchitis, Blasen- und andere Entzündungen.

☆ Teezubereitung: Nehmen Sie 2 gehäufte Esslöffel Kraut, und übergießen Sie es mit 1/4 Liter kaltem Wasser. Kochen Sie den Ansatz kurz auf, lassen Sie ihn 5 Minuten lang ziehen und seihen Sie dann ab. Davon sollten Sie täglich 5 Tassen trinken.

Wacholder *(Juniperus communis)*

Feuerbaum, Jachelbeerstrauch, Kranewitt, Machandel, Queckholder, Räucherstrauch, Reckholder, Wachelduren, Weihrauchbaum

Der Wacholder ist eine außerordentlich verbreitete Heilpflanze. Schon die Ärzte in der Antike lobten ihn über alle Maßen und empfahlen ihn wegen seiner wassertreibenden Kraft. Im Mittelalter waren die Wacholderbeeren beliebt als Arznei für Magen, Darm, Niere und Blase, aber auch gegen rheumatische Erkrankungen und Gicht. Seiner großen Wirkung als Heilpflanze ist es wohl zuzuschreiben, dass er auch im Aberglauben eine große Rolle spielte. Die Germanen verwendeten Wacholderreisig bei ihren Opferhandlungen. Nach ihrer Meinung beschwor ein Unglück herauf, wer frevlerisch einen Wacholderstrauch abschlug. Zudem galt der Wacholderstrauch viele Jahrhunderte lang als Mittel zur Erhaltung der ewigen Jugend. Sogar gegen die Pest sollte die Pflanze helfen. In neuerer Zeit wurde von Sebastian Kneipp die Anwendung der Heilpflanze empfohlen. In der Küche machen die Wacholderbeeren schwere Speisen bekömmlicher und aromatisieren Schinken und Schnäpse.

Botanische Beschreibung Beheimatet ist der Wacholder aus der Familie der Nadelhölzer bzw. Zypressengewächse in den gemäßigten und kalten Zonen der nördlichen Halbkugel. Man findet ihn in Heide- und Berglandschaften, Mooren und lichten Nadelwäldern, wo er je nach Standort entweder zum Zwergstrauch oder stattlichen Baum heranwächst. Der Wacholder besitzt spitze scharfe Nadeln und Früchte, die im ersten Jahr noch grün sind und nach der Befruchtung im zweiten und dritten Jahr zu den bekannten schwarzblauen Scheinbeeren heranreifen.

Sammelzeit Zu Heilzwecken werden die Beeren und das aus ihnen gewonnene ätherische Öl verwendet. Die reifen Beeren werden nach dem ersten Frost im Spätherbst geerntet, indem man ein Tuch ausbreitet und sie abklopft. Nachdem man Nadeln und Zweige sorgfältig aussortiert hat, werden die Beeren an einem luftigen Ort ausgebreitet und getrocknet. Aufgrund dieser aufwändigen Prozedur empfiehlt sich die Verwendung von getrockneten Beeren aus der Apotheke.
Inhaltsstoffe 0,5 bis 2,5 % ätherisches Öl mit bis zu 80 % Monoterpenen (darunter Terpinen, Terpineol, Borneol, Geraniol) sowie etwa 30 % Ingwerzucker, Gerbstoffe, Flavonoide, Harze
Heilwirkungen Wacholderbeeren helfen wegen ihrer wassertreibenden Wirkung, die vor allem durch das Terpinen-4ol zustande kommt, in erster Linie bei Entzündungen der Harnwege, Nierengrieß und Wasseransammlungen. Auch rheumatische Beschwerden, Gicht, Gelenkentzündungen und Hexenschuss werden äußerlich mit dem Öl der Wacholderbeeren erfolgreich behandelt. Neuerdings konnte die positive Wirkung der Beeren auf die Kontraktion der glatten Muskeln nachgewiesen werden – dies bestätigt vor allem die althergebrachte Anwendung gegen Verdauungsstörungen. Von Kneipp wurde eine entschlackende und entwässernde Wacholderbeerenkur entwickelt, die zwar gute Ergebnisse zeigt, aber wegen des doch etwas gewöhnungsbedürftigen Geschmacks der Beeren nicht jedermanns Sache sein wird. Zudem spielt das Wacholderöl zur Inhalation bei Bronchitis eine nicht unbedeutende Rolle.

ANWENDUNG

Trinken Sie bei Verdauungsstörungen und zur Entwässerung 1 Tasse Tee nach den Mahlzeiten. Nach vierwöchiger Anwendung sollten Sie zwei Wochen lang aussetzen.

☆ Teezubereitung: Nehmen Sie 1 Teelöffel zerdrückte Beeren, und übergießen Sie diese mit ¼ Liter kochendem Wasser.

Lassen Sie den Ansatz 10 Minuten lang ziehen, und seihen Sie dann ab.

- ☆ Beerenkur nach Kneipp: Zerkauen und schlucken Sie am ersten Tag 3-mal 1 Beere, und steigern Sie diese Dosis Tag für Tag um je 1 Beere pro Anwendung, bis Sie bei 3-mal 20 Beeren täglich angelangt sind. Dann reduzieren Sie die Anzahl der Beeren im gleichen Maß wieder jeden Tag und beenden die Kur, wenn Sie wieder bei 3-mal 1 Beere angelangt sind. Nach der Kur muss die Anwendung von Wacholderbeeren mindestens einen Monat lang pausiert werden.
- ☆ Ein Vollbad hilft bei Rheuma, Gicht und Erkrankungen der oberen Atemwege: Zerkleinern Sie 100 Gramm Beeren, und bedecken Sie diese mit ½ Liter Wasser. Lassen Sie den Ansatz 15 Minuten lang kochen, seihen Sie ab und geben Sie den Sud ins Badewasser.
- ☆ Nehmen Sie gegen Darmerkrankungen und Husten 3 mal täglich je 10 Tropfen Tinktur auf ein Stück Würfelzucker ein.
- ☆ Tinkturzubereitung: Nehmen Sie 20 Gramm getrocknete Beeren, und bedecken Sie diese mit 150 Milliliter 70 %igem Alkohol. Lassen Sie den Ansatz 14 Tage lang zugedeckt ziehen, seihen Sie anschließend ab und füllen Sie die Tinktur in eine dunkle Flasche, die sie kühl lagern sollten.
- ☆ Umschlag: Mischen Sie bei rheumatischen Beschwerden oder Gelenkschmerzen ein Teil Tinktur mit einem Teil Wasser (1:1) und tränken Sie ein Lein- oder Baumwolltuch damit. Wickeln Sie den Umschlag um die schmerzende Stelle.

DAS SOLLTEN SIE BEACHTEN

Während der Schwangerschaft und bei bekannten Nierenschäden sollten Wacholderbeeren nicht angewendet werden. Bei zu lang andauernder Anwendung oder Überdosierung können Nierenschäden auftreten.

Wegwarte *(Cichorium intybus)*

Gemeine Wegwarte, Hindlauf, Hundsläufte, Kattenworz, Sonnendraht, Sonnenwirbel, Wegleuchte, Wegweise, Zichorie

Die Wegwarte wird als Heilpflanze schon seit mehreren tausend Jahren geschätzt, und auch um sie ranken sich allerlei Mythen. Es wird überliefert, dass die keltischen Druiden sie nur mit nüchternem Magen pflücken durften. Hildegard von Bingen und Hieronymus Bock erwähnen gleichermaßen die vielen Anwendungsgebiete der Wegwarte. Interessant ist auch die Tatsache, dass die Pflanze seit Jahrhunderten, zuletzt im Zweiten Weltkrieg, als Kaffeeersatz oder -ergänzung Verwendung fand. Heute werden Extrakte der Pflanze auch in der Kosmetikindustrie wegen ihrer feuchtigkeitsspendenden Eigenschaften eingesetzt.

Botanische Beschreibung Die Pflanze aus der Familie der Korbblütler ist nahezu in allen Erdteilen verbreitet. Sie wächst auf kalkhaltigem Boden auf unkultiviertem Gelände, wie Gräben, Schotterwegen und Brachland. Die Wegwarte kann bis zu 2 Meter hoch werden und besitzt für unser Klima außergewöhnlich leuchtendblaue Blüten. Es gibt drei Unterarten, von denen jedoch nur die Wildpflanze als Heilpflanze gelten kann. Die anderen beiden sind die Wurzel- oder Kaffeezichorie sowie der Chicorée.

Sammelzeit Die gesamte Wildpflanze wird zu Heilzwecken verwendet. Gesammelt wird im Juli das blühende Kraut, das an einem luftigen Ort getrocknet wird. Die Wurzeln werden im Spätherbst ausgegraben, zerschnitten und zum Trocknen ausgelegt.

Inhaltsstoffe Bitterstoffe (Zichoriin, Intybin), Gerbstoffe, Kohlenhydrate (Inulin), Cichoriumsäure (Dicaffeeoylweinsäure) sowie Mineralsalze

Heilwirkungen Die Inhaltsstoffe der Wegwarte, vor allem die Bitterstoffe, wirken anregend auf die Magensaft- und Gallensekretion. Bei Magen- und Gallenerkrankungen ist die Einnahme von Presssaft aus den frischen Blüten hilfreich. Der Extrakt aus der Wegwarte enthält sehr viel Zucker und ist so ein guter Energielieferant für die Hautzellen. Er wirkt bei Hautunreinheiten feuchtigkeitsspendend, glättend, regenerierend und revitalisierend. Mit einer Teezubereitung aus Wegwartekraut lässt sich eine Frühjahrs- oder Herbstentschlackungskur durchführen.

ANWENDUNG

Trinken Sie 2 bis 3 Tassen täglich bei Verdauungsstörungen nach dem Essen, bei Appetitlosigkeit und zur Regulierung des Stoffwechsels vor dem Essen.

- ☆ Teezubereitung: Nehmen Sie 1 gehäuften Teelöffel Wurzel und/oder Kraut, und übergießen Sie es mit ¼ Liter kaltem Wasser. Bringen Sie den Ansatz etwa 3 Minuten lang zum Kochen, und seihen Sie ab.
- ☆ Umschläge und Waschungen: Tränken Sie mit dem Tee ein Lein- oder Baumwolltuch, und legen Sie es auf die Haut. Sie können mit dem getränkten Tuch Problemzonen auch behutsam abwaschen.
- ☆ Wegwartenwein: Nehmen Sie 10 Gramm getrocknete Wurzeln, und setzen Sie diese mit 1 Liter Weißwein an. Lassen Sie den Ansatz 10 Tage lang ziehen, und seihen Sie dann ab. Trinken Sie vor den Mahlzeiten jeweils ein kleines Glas davon.

DAS SOLLTEN SIE BEACHTEN

Bei Gallensteinleiden und während der Schwangerschaft sollten Sie die Wegwarte nur nach Rücksprache mit einem Arzt anwenden.

→ Als Korbblütler kann die Wegwarte Allergien hervorrufen.

Weidenrinde *(Salicis cortex)*

Felbe, Felbern, Hartrinde, Katzenstrauch, Korbweide, Maiholz, Weene, Weihbuschen, Wicheln, Wieden, Wilge

Die Eigenschaften der Weidenrinde als Heilmittel gegen Fieber und rheumatische Beschwerden sind bereits in den alten Hochkulturen Indiens und Ägyptens bekannt gewesen. Im 18. Jahrhundert setzte man die pulverisierte Form der Rinde als Mittel gegen Malaria ein und im 19. Jahrhundert wurde zunächst der Wirkstoff Salicin in kristalliner Form isoliert. Später konnte die Salicylsäure synthetisch hergestellt werden. Damit schien für die Weidenrinde das Aus als Heilmittel gekommen zu sein – bis vor wenigen Jahren eine wissenschaftliche Studie belegte, dass die Weidenrinde eine eindeutig schmerzlindernde Wirkung zeigt. Damit war ein Hoffnungsschimmer für Rheumapatienten entstanden, die zwar mit Hilfe modernster Arzneien in den Gelenken schmerzfrei sind, dies aber mit unangenehmen Nebenwirkungen im Magen-Darm-Bereich eintauschen müssen. Dagegen scheint die Weidenrinde mit ihrem natürlichen Wirkstoff Salicin, der den Magen-Darm-Trakt beschwerdefrei passiert und erst in der Leber zu Salicylsäure umgewandelt wird, als alternatives Rheumamittel ohne derartige Begleiterscheinungen in Frage zu kommen. Denn eine Studie kam zu dem Ergebnis, dass Weidenrindenextrakt mit 240 Milligramm Salicyl pro Tag ebenso wirksam sei wie die modernsten Rheumamittel – sogar eine antioxidative und knorpelschützende Eigenschaft wird dem Naturheilmittel zugeschrieben.

Botanische Beschreibung Weiden gibt es in Europa und Asien an Teichen, Fluss- und Bachufern, an feuchten Wiesen und Waldrändern sowie in Flussauen. Es existieren eine ganze Reihe von Weidenarten in der Größe vom Strauch bis zum Baum. Ein Wahrzeichen der Pflanze sind die allseits bekannten »Weidenkätzchen« oder »Palmkätzchen«, also die Blüten, die im März zu den frühesten Vorboten des Frühlings zählen.

Sammelzeit Als Heilmittel wird die Rinde der Zweige verwendet. Die Rinde ist im Frühling leicht von den Zweigen abzulösen, sie wird an einem luftigen Platz getrocknet.

Inhaltsstoffe Salicin, Gerbstoffe, Flavonoide und Glykoside

Heilwirkungen Die Inhaltsstoffe wirken fiebersenkend, entzündungshemmend und schmerzstillend. Die Hauptanwendungsgebiete sind fieberhafte und rheumatische Erkrankungen, Gicht und Kopfschmerzen. Der Behandlung von rheumatischen Beschwerden mit Weidenrinde wird neuerdings naturgemäß sehr viel Gewicht beigemessen.

ANWENDUNG

Trinken Sie bei fieberhaften Erkrankungen und Kopfschmerzen, aber auch bei rheumatischen Erkrankungen täglich 2 Tassen Tee.

- ☆ Teezubereitung: Nehmen Sie 1 gehäuften Teelöffel fein zerkleinerte Weidenrinde, setzen Sie diese mit ¼ Liter kaltem Wasser an, und erhitzen Sie den Ansatz langsam bis zum Sieden. Nehmen Sie vor dem Kochen den Topf vom Herd, und seihen Sie nach 5 Minuten ab.
- ☆ Fußbad: Nehmen Sie 5 Gramm Weidenrinde auf 100 Milliliter Wasser, kochen Sie die Mischung kurz auf und nehmen Sie darin das Fußbad.

DAS SOLLTEN SIE BEACHTEN

Sollte eine individuelle Überempfindlichkeit gegenüber Salicylaten bestehen, können bereits geringe Dosen der Weidenrinde zu allergischen Reaktionen führen.

Weißdorn *(eingriffelig: Crataegus monogyna), (zweigriffelig: Crataegus laevigata)*

Christdorn, Hageapfel, Hagedorn, Heckendorn, Hägela, Haynerholz, Haweide, Heinzerleinsdorn, Mehlbeere, Mehlbaum, Mehlhosen, Müllerbrot, Zaundorn

Der Weißdorn scheint in früheren Zeiten nicht als Heilpflanze bekannt gewesen zu sein. Allerdings dienten die roten Früchte schon seit jeher als Notnahrungsmittel in Form von kräftigendem Mus und als Mehlersatz bzw. -zusatz. Erst im 19. Jahrhundert entdeckte man, dass man mit der Pflanze ein wichtiges Mittel gegen altersbedingte Herzschwäche in der Hand hielt. Der Weißdorn ist bei uns sehr häufig anzutreffen – in Laub- und Föhrenwäldern sowie in Gebüschen, an Straßenrändern und in Gärten. Er ist in den gemäßigten Zonen Europas weit verbreitet, man findet ihn auch in den Bergen bis in einer Höhe von 1.600 Metern.

Botanische Beschreibung Der Weißdorn aus der Familie der Rosengewächse wächst meistens als Strauch, nicht selten aber auch als Baum, der eine Höhe von bis zu 12 Metern erreichen kann. Es wird zwischen dem Eingriffeligen Weißdorn und dem Zweigriffeligen Weißdorn unterschieden, wobei beide Arten die gleichen Heilwirkungen aufweisen. Der Weißdorn schützt sich mit kräftigen Dornen und hat weiße Blüten, die aber auch rötlich anlaufen können. Die dunkelroten, mehlig schmeckenden Früchte werden im August reif.

Sammelzeit Die Blätter werden im Frühling gesammelt, die Blüten unmittelbar bevor sie sich öffnen von Mai bis Juni. Die Früchte werden in der Reifezeit im August geerntet, wenn sie sich in ein intensives Rot verfärbt haben.

Inhaltsstoffe Flavone, Flavonole, darunter Hyperosid, Querzetin, Vitexinrhamnosid, Rutin und Vitexin, sowie oligomere Prozyanidine, Catechingergerbstoffe, Chlorogensäure, Kaffeesäure, Triterpensäuren, Amine und Purine

Heilwirkungen Weißdorn gilt als ein außerordentlich wirksames Naturheilmittel insbesondere bei altersbedingtem Nachlassen der Leistungsfähigkeit des Herzens. Auch in der Therapie von Herzerkrankungen, Herz-Kreislauf-Schwäche, Herzklopfen, Herzstechen, Angina pectoris und Arterienverkalkung wurden bemerkenswerte Ergebnisse erzielt. Nicht überraschend, dass er Bestandteil vieler Fertigpräparate und Medikamente ist. Die Inhaltsstoffe sind in der Lage, den Blutdruck nach oben oder unten zu regulieren. Zudem kann Weißdorn ohne Nebenwirkungen unbedenklich über mehrere Jahre eingenommen werden, was ihn auch zu einem willkommenen Mittel für die Vorbeugung gegen Herzprobleme macht. Die meisten seiner herz- und gefäßwirksamen Eigenschaften konnten inzwischen auch wissenschaftlich nachgewiesen werden.

ANWENDUNG

Trinken Sie täglich 2 bis 3 mal jeweils 1 Tasse Tee.

☆ Teezubereitung: Nehmen Sie 2 Teelöffel Blüten mit oder ohne Blätter, und übergießen Sie diese mit 1 Tasse heißem Wasser. Lassen Sie den Ansatz 15 Minuten lang ziehen, und seihen Sie dann ab.

DAS SOLLTEN SIE BEACHTEN

Bei Herzproblemen sollten Sie keine Selbstbehandlung ohne ärztliche Untersuchung vornehmen. Insbesondere bei Schmerzen in der Herzgegend, die in die Arme, den Oberbauch oder in die Halsgegend ausstrahlen können, oder bei Atemnot ist ein Arztbesuch zwingend erforderlich.

Wermut *(Artemisia absinthium)*

Absinthkraut, Alsam, Artenheil, Bitterer Beifuß, Eberreis, Grabkraut, Heilbitter, Kampferkraut, Kittelkraut, Wiegenkraut, Wurmkraut, Wurmtod

Die Überlieferungen belegen, dass das Wermutkraut erstmals vor 3000 Jahren bei den Ägyptern als Heilpflanze angewendet wurde – sie verwendeten es als Wurmmittel. In der Antike fand er nahezu universelle Anwendung, und Hildegard von Bingen empfahl ihn gegen Kopfschmerzen. Im Volksglauben konnte das Wermutkraut böse Geister von Mensch und Vieh fern halten. Erste Bedenken gegen die innerliche Anwendung führten im 15./16. Jahrhundert dazu, dass die Kräuterärzte empfahlen, den Wermut nur äußerlich anzuwenden. Es ist anzunehmen, dass man bereits damals schlechte Erfahrungen mit Wermut-Alkohol-Mischungen gemacht hatte. Denn im 19. Jahrhundert wurde der damals sehr beliebte Wermutschnaps bzw. Absinthschnaps zum großen Problem. Ein im Wermut enthaltenes Gift (Thujon) löst sich besonders gut in Alkohol. Der Genuss führte in zahlreichen Fällen zu Hirnschäden, Muskelkrämpfen und Schwindelanfällen, schließlich sogar zur Bewusstlosigkeit und zum körperlichen Verfall. Aus diesem Grund wurde der Schnaps vielerorts verboten. Heute sind in den Wermutschnäpsen nur noch sehr geringe Mengen von Thujon enthalten, und bei Einhaltung bestimmter Höchstwerte sind sie wieder erlaubt. Die Pflanze ist ein sehr gutes Beispiel dafür, wie eng Nutzen und Schaden in der Natur beieinander liegen können, und wie sehr es auf das richtige Maß der Dinge ankommt.

Botanische Beschreibung Der Wermut wächst in Europa, in Teilen Asiens, in Nordafrika und in Nord- und Südamerika. Er ist an Felshängen, auf trockenen Grasflächen, an Wegen, Bach- und Flussufern sowie an Mauern zu finden. Die Pflanze aus der Familie der Korbblütler wächst als Busch und wird bis zu 1,20 Meter hoch. Der Wermut ist silbrig behaart und besitzt graugrüne Blätter. Die Pflanze ist silbrig behaart, die kleinen, gelben Blüten sind nahezu kugelrund und in langen Rispen angeordnet. Dem Wermut entströmt ein stark würziger, aromatischer Geruch, der im Gegensatz zu seinem außerordentlich bitteren Geschmack steht. Er blüht von Juni bis September. Im Garten verträgt sich Wermut schlecht mit anderen Küchenkräutern, unter einen Johannisbeerstrauch gepflanzt, kann er diesen jedoch vor Kronrost bewahren.

Sammelzeit Vom Wermut werden zu Heilzwecken die oberen Sprossteile und Laubblätter mitsamt den Blüten verwendet.
Das Kraut wird während der Blütezeit von Juni bis September gesammelt. Die Triebe werden gebündelt und an einem schattigen luftigen Ort zum Trocknen aufgehängt.

Inhaltsstoffe Ätherische Öle, Thujon, reichlich Bitterstoffe mit einem extremen Bitterwert, darunter Sesquiterpenlacton-Bitterstoffe wie Absinthin, Anabsinthin, Artabsin und Anabsin, weiter Flavone, Gerbstoffe, Vitamin B und Vitamin C

Heilwirkungen Der Wermut wirkt vor allem wegen seines hohen Gehalts an Bitterstoffen verdauungsanregend und appetitfördernd. Seine positive Wirkung bei Magen- und Darmbeschwerden sowie bei Problemen mit dem Gallenfluss ist unbestritten. Dass der Wermut wegen seines Vitamingehalts auch als Mittel gegen Erkältungen oder Grippe erwähnt wird, ist angesichts besser wirkender Heilpflanzen bei solchen Erkrankungen eher eine Randnotiz wert. Allerdings sind diese Eigenschaften dann von großem Vorteil, wenn es gilt, in der Genesungsphase nach einer Magen- oder Darmerkrankung oder nach überstandenen Gallekoliken das Immunsystem wieder in Gang zu bringen. Darüber hinaus wird Wermut seit Jahrhunderten auch gegen rheumatische Beschwerden, Wurmbefall und Menstruationsschmerzen angewendet. Bei Menstruationsschmerzen kommt es durch das Trinken des Tees entlastend zu einer verstärkten Regelblutung, woraufhin die Schmerzen nachlassen.

ANWENDUNG

Trinken Sie täglich nach jeder Mahlzeit 1 Tasse Tee. Oder nehmen Sie alternativ den Tee zur Appetitanregung etwa ½ Stunde vor den Mahlzeiten zu sich.

☆ Teezubereitung: Nehmen Sie 2 Teelöffel Wermutkraut, und übergießen Sie es mit ¼ Liter kochendem Wasser. Lassen Sie den Ansatz 10 Minuten lang ziehen, und seihen Sie dann ab. Es ist bei der großen Menge an Bitterstoffen sinnlos, den sehr bitteren Geschmack durch Süßen eliminieren zu wollen. Versuchen Sie, sich daran zu gewöhnen – denn schließlich sind es ja die Bitterstoffe, die die Heilwirkung ausmachen.

☆ Wermutwein: Nehmen Sie 40 Gramm Kraut, und setzen Sie es in 1 Liter Weißwein an. Lassen Sie den Ansatz 10 Tage lang stehen, rütteln Sie ihn mehrmals auf und seihen Sie ihn nach 10 Tagen ab. Nehmen Sie nach den Mahlzeiten 1 Gläschen zu sich. Bitte keine größeren Mengen von Wermut in Verbindung mit Alkohol über einen längeren Zeitraum hinweg konsumieren.

DAS SOLLTEN SIE BEACHTEN

Eine Überdosierung, insbesondere in Verbindung mit Alkohol, kann zu Durchfall, Erbrechen, Benommenheit und im schlimmsten Fall zu Ausfällen und Lähmungen des Nervensystems führen.

→ Verzichten Sie während der Schwangerschaft auf die Anwendung von Wermutkrauttee, denn die Gefahr einer Fehlgeburt kann nicht von der Hand gewiesen werden.

→ Bei stillenden Müttern kann sich der Bitterstoff des Wermuts auf die Milch übertragen.

Zwiebel *(Allium cepa)*

Bolle, Hauszwiebel, Küchenzwiebel, Speisezwiebel, Speisewurzel, Zipolle, Zippel

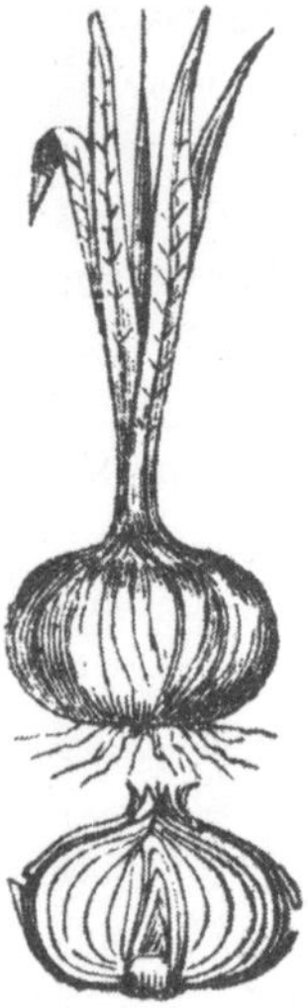

Die Zwiebel war bereits bei den Assyrern, den Babyloniern, den Ägyptern und den Römern bekannt und ist demzufolge eine der ältesten Heilpflanzen der Menschheit. Zwar wird sie seit Jahrtausenden in Kulturen angebaut, doch gibt es auch heute noch viele wild wachsende Arten. Absolut unbestritten ist die enorme Heilkraft der Pflanze – sie gilt neben Knoblauch als die beste in der Küche verwendete Heilpflanze. Mit ihr ist eine seltene Symbiose zwischen Genuss- und Arzneimittel gelungen. In unsere Breiten gelangte die Zwiebel erst um die Zeitenwende, als sie sich mit dem wachsenden Römischen Reich ausbreitete. Erst im 19. Jahrhundert wurde die Zwiebel in Deutschland großflächig auf Feldern und in Gärtnereien kultiviert.

Botanische Beschreibung Der Strauch der (Küchen-)Zwiebel aus der Familie der Lauch- bzw. Liliengewächse kann bis über 1 Meter groß werden. Sie kann auf eine riesige Anzahl von verwandten Arten blicken, denn Tulpen und Narzissen zählen ebenso dazu wie Lauch und Spargel. Die Zwiebel selbst kann man in Sommerzwiebel und Winterzwiebel einteilen, wobei bezüglich des Wertes als Heilpflanze, aber auch im Aussehen, kaum nennenswerte Unterschiede bestehen.

Sammelzeit Die Ernte- bzw. Sammelzeit für Zwiebeln ist von Juni bis September.

Inhaltsstoffe Alliin und andere schwefelhaltige Verbindungen, ätherisches Öl, Peptide, Flavonoide, Vitamine. Der für die tränenden Augen verantwortliche Stoff ist Propanthial-S-Oxid, der beim Schneiden der Zwiebel entsteht.

Heilwirkungen Die Inhaltsstoffe der Zwiebel wirken antibakteriell, entzündungshemmend, appetitanregend, wassertreibend, wundheilend, blutfettwert- und blutdrucksenkend. Sie hemmen zudem die Ansammlung von Thrombozyten, verbessern die Fließfähigkeit des Blutes und beugen somit einer Arteriosklerose vor. Auch wird der Pflanze eine auswurffördernde Wirkung nachgesagt. In neuerer Zeit wird ihr sogar eine Wirkung gegen Asthma bescheinigt. Heutzutage dürfte eines ihrer wichtigsten Anwendungsgebiete die Vorbeugung gegen Gefäßveränderungen, insbesondere der Herzkranzgefäße, sein. Auch Schwellungen oder Blutergüsse klingen rasch ab, wenn man die aufgeschnittene Zwiebel in Kontakt mit dem verletzten Bereich bringt.

ANWENDUNG

Nehmen Sie täglich 3- bis 5-mal jeweils 2 Teelöffel Sirup gegen Husten und andere Erkältungskrankheiten ein.

☆ Sirup: Nehmen Sie eine möglichst fein zerhackte Zwiebel, und vermischen Sie diese mit 3 Esslöffeln Zucker. Geben Sie ⅛ Liter Wasser dazu, und köcheln Sie das Ganze auf möglichst geringer Stufe 5 Minuten lang. Lassen Sie den Ansatz erkalten, einige Stunden ziehen und pressen Sie die Masse aus.

☆ Alternativ dazu können Sie fein gehackte Zwiebeln mehrmals täglich löffelweise einnehmen oder Presssaft von frischen Zwiebeln herstellen, mit Milch und/oder Honig vermischen und einnehmen. Lassen Sie Ihrer Phantasie freien Lauf, in welcher ess- oder trinkbaren Zubereitung Sie rohe Zwiebeln oder frischen puren Zwiebelsaft einnehmen können.

DAS SOLLTEN SIE BEACHTEN

Die Tagesdosis sollte allerdings bei länger andauernder Anwendung 100 Gramm frischer Zwiebeln wegen möglicher Magenunverträglichkeiten nicht überschreiten.

Die wichtigsten Inhaltsstoffe der Heilkräuter

Viele Inhaltsstoffe der hier vorgestellten Heilkräuter konnte man noch nicht isolieren, geschweige denn nach ihrer chemischen Zusammensetzung analysieren. Die bekannten Substanzen teilt man in Gruppen ein, die wir im Folgenden kurz vorstellen.

ÄTHERISCHE ÖLE

→ Hemmen das Wachstum von Mikroorganismen, lindern Entzündungen, wirken beruhigend, schmerzlindernd sowie anregend und stimulieren die Produktion von Schleim, Galle und Milch.
→ Flüchtige, stark duftende, nicht wasserlösliche Substanzen, ihre häufigsten Bestandteile sind Terpene.

ALKALOIDE

→ Haben unter anderem schmerzstillende, krampflösende sowie schleim- und gallentreibende Eigenschaften.
→ Die bekanntesten Alkaloide sind Chinin, Koffein, Kokain, Nikotin und Morphium: Viele sind giftig, aber für die Medizin von großem Nutzen.
→ Einige sind in der Lage, die Blut-Hirn-Barriere zu überwinden. Diese Tatsache erhöht die Wirksamkeit der Stoffe enorm.

ANTHRAQUINONE

→ Ideal gegen Verstopfung, da sie den Anteil der Elektrolytmineralien im Darm erhöhen und den Stuhl weicher machen, außerdem schmerzstillend, entzündungshemmend, gegen Steinbildung und Psoriasis.
→ Können über einen längeren Zeitraum und in größeren Mengen eingenommen süchtig machen.

BITTERSTOFFE

→ Verdauungsfördernd, appetitanregend, helfen auch bei allergischen Krankheiten, manchen Hautkrankheiten, Gallensteinen, Gicht und Zuckerkrankheit.
→ Bitterstoffe reizen den Vagusnerv in der Mundhöhle, der wiederum die Magensaftsekretion, die Funktion der Bauchspeicheldrüse und die Gallensaftförderung anregt.

FLAVONOIDE

→ Fördern unter anderem die Wirkung von Ascorbinsäure, arbeiten freien Radikalen entgegen, wirken virus- und entzündungshemmend und unterstützen die Therapie bei Herz-Kreislauf-Erkrankungen.
→ Es sind etwa 6.500 Verbindungen bekannt. Sie schützen die Pflanzen vor schädlichen Einflüssen.

GERBSTOFFE

→ Wirken zusammenziehend, entzündungshemmend, antibakteriell und antiviral, neutralisieren Gifte, sind jedoch in höherer Dosierung oft selbst schädlich.

GLYKOSIDE

→ Sind wichtige chemische Verbindung für die Heilkunde. Zu den über hundert isolierten Pflanzenglykosiden zählen Indigo, Digitalis, Salicin und die Kumarine.
→ Eine Untergruppe sind die Saponine: Sie fördern die Aufnahme von anderen Inhaltsstoffen und wirken stärkend, entzündungshemmend, schleimtreibend und hormonstimulierend.

PHYTOÖSTROGENE

→ Lösen im menschlichen Organismus eine dem Sexualhormon Östrogen ähnliche Wirkung aus.
→ Im Mittelpunkt des Interesses stehen wegen möglicher Krebsvorbeugung Isoflavonoide aus Soja, Lignane aus Getreide und Cumestane aus Sprossen.
→ Die Phytoöstrogene helfen zudem, den natürlichen Hormonhaushalt während der Wechseljahre zu unterstützen, indem sie bei einem gesunkenen Östrogenspiegel das fehlende Östrogen ersetzen.
→ Auch auf den Knochenstoffwechsel haben Phytoöstrogene einen positiven Effekt und können vorbeugend gegen Osteoporose wirken.

SCHLEIMSTOFFE

→ Wasserlösliche Schleimstoffe haben lokal eine erweichende, reizmildernde und einhüllende Wirkung auf die Schleimhäute.
→ Unlösliche Schleimstoffe entfalten vor allem im Magen-Darmtrakt ihre Wirkung, indem sie das Darmvolumen erhöhen und damit den Stuhlgang regulieren.
→ Sie können Giftstoffe aufsaugen, Entzündungen hemmen, den Blutzucker senken, in einigen Fällen sogar das Immunsystem stimulieren.

Über dieses Buch

Der Autor
Herbert Schwinghammer lebt als freier Journalist und Autor in München. Schwerpunkt seiner Veröffentlichungen ist das Thema Gesundheit. Im Weltbild Buchverlag erschienen sind von Herbert Schwinghammer die Titel *Hormone* sowie *Essen, das intelligent macht.*

Haftungsausschluss
Alle Inhalte dieses Buches sind sorgfältig recherchiert und erarbeitet worden. Dennoch können weder der Autor noch der Verlag für die Angaben in diesem Buch eine Haftung übernehmen.

Illustrationsnachweis
Alle Illustrationen Beate Brömse, München, außer, 8, 13, 17, 20, 22, 24, 27, 29, 41, 45, 48, 52, 56, 64, 66, 70, 75, 82, 88, 109, 111, 120, 122, 127, 133, 137, 140, 143, 147, 152

Impressum

Weltbild Buchverlag
–Originalausgaben–

Steinerne Furt 67, 86167 Augsburg
2. Auflage 2004

Projektleitung: Friederike Lutz, Julia Kotzschmar
Redaktion: Gesa Gunturu
Medizinische Fachberatung: Dr. med. Eberhard J. Wormer
Umschlag: Andrea Göttler
Titelbild: Sascha Wuillemet, Icking
Layout und DTP/Satz: Lydia Koch, Augsburg
Druck und Bindung: GGP Media GmbH,
Karl-Marx-Straße 24, 07381 Pößneck

Gedruckt auf chlorfrei gebleichtem Papier

Printed in Germany

ISBN 3-89604-944-5

Register der Kräuter

Register der Beschwerden

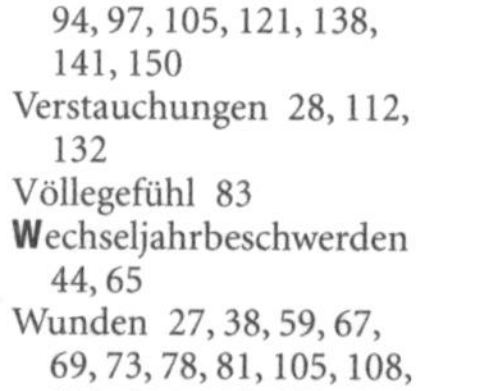